ÍNDICE

PARTE IV: CULTURA

52 MARTES

MARTES

con

SAM CHAND

D
L
M
M
J
V
S

**PODEROSO CONOCIMIENTO PARA
INSPIRAR TU VIAJE DE LIDERAZGO**

52 Martes con Sam Chand: Poderoso conocimiento para inspirar tu viaje de liderazgo

Por Sam Chand

Publicado originalmente en inglés bajo el título *52 Tuesday with Sam Chand: Powerful insight to inspire your leadership journey*

Traducido al español por: Pamela Praniuk

ISBN: 978-1-950718-45-0

Impreso en los Estados Unidos
Diseño de portada por Joe DeLeon

INTRODUCCIÓN

MARTES CON SAM CHAND es una serie semanal de videos que diseñé para ayudar, animar e inspirar a líderes y equipos. Llevo muchos años compartiendo mensajes breves con otros líderes y colegas en el ámbito empresarial y ministerial. Ha sido asombroso recibir tantos comentarios de diferentes líderes y equipos alrededor del mundo. Desde líderes que miran nuestros videos en sus reuniones empresariales a personas que su perspectiva ha sido transformada, ver el impacto positivo que MCSC ha tenido nos da mucha alegría.

Debido a que estas verdades y recordatorios han sido tan efectivos para tantas personas, decidimos tomar lo mejor de MCSC y compilarlo en este libro *52 Martes con Sam Chand*. Aunque puedes absolutamente leerlo a tu propio ritmo, este libro contiene un mensaje para cada semana del año y su propósito es mantenerte motivado e inspirado a ir tras tu visión. Al final de cada lectura hallarás una serie de preguntas que te servirán para reflexionar en cómo aplicar el mensaje a tu vida.

Cualquier sea tu sueño, cualquier sea el llamado que Dios te ha dado, va a requerir que sigas creciendo y desarrollándote para alcanzar nuevas alturas. El deseo de mi corazón es ayudarte a ser exitoso y sinceramente creo que esta colección de mensajes te ayudará a serlo.

Además, este es un buen recurso para compartir con tus amigos que son líderes, con tu equipo ejecutivo, o con tus empleados. Nuestra oración es que puedas unirte a las personas de apoyo que te rodean y juntos puedan llegar a ser una organización más estable, exitosa y completa.

Gracias por pasar tantos Martes conmigo. Y esperamos que sean aún más en el futuro.

—*Sam Chand*

PARTE I:

EL BUEN CARÁCTER

¡SÉ COMO MARÍA Y MARTA!

LA MAYORÍA DE NOSOTROS conocemos la historia de María y Marta que se encuentra en Lucas 10. Las mujeres tienen la casa llena con invitados, incluyendo a Jesús. Marta está sirviendo a sus invitados, preparando la comida y asegurándose que todo esté en su lugar, mientras que María está sentada a los pies de Jesús.

Muy a menudo las personas han criticado a Marta por estar tan ocupada, y han aplaudido a María por estar quieta a los pies de Jesús. Sin embargo, Jesús nunca dijo que teníamos que escoger imitar a una o a la otra. Él dijo, *"Si tuvieras que escoger*, la mejor parte sería la de María". Pero hoy quiero darte buenas noticias: ¡no tenemos que escoger una sola! Es posible imitar a ambas, María y Marta, en nuestro diario vivir.

En tu organización, necesitas personas que sean ambas espirituales y serviciales, ¿verdad? Necesitas personas que estén adorando y personas que estén trabajando. Acaso, ¿no crees que sería maravilloso si nuestro proceso de asimilación incluyera entrenar y desarrollar a las personas en ambas áreas? Podemos entrenar a la gente a servir al Señor con alegría y adorarle al mismo tiempo. Esta es la perfecta combinación de espiritualidad y servicio.

EN TU ORGANIZACIÓN, NECESITAS PERSONAS QUE SEAN AMBAS ESPIRITUALES Y SERVICIALES.

Así que cuando tengas personas en tu organización —especialmente si tu organización es una iglesia— que solo están sirviendo, pregúntales cómo están espiritualmente. Hay personas que son muy buenas con su vida espiritual, pero ¿cómo están en cuanto a su servicio? Porque las personas serviciales necesitan espiritualidad y las personas espirituales necesitan servir. Necesitamos ser como ambas: María y Marta.

PARA REFLEXIONAR

¿Eres más como María o como Marta? ¿Cómo podrías cultivar la característica del personaje opuesto en tu diario caminar con Dios?

APRENDER, DESAPRENDER Y VOLVER A APRENDER

ALVIN TOFFLER DIJO: "Los analfabetos del futuro no serán los que no sepan leer o escribir, sino los que no sepan aprender, desaprender y reaprender".

La pregunta para nosotros es la siguiente: ¿Qué necesitamos desaprender? Sea que necesitemos desaprender alguna manera de pensar, ciertas suposiciones o algún método en particular de hacer las cosas, desaprender siempre va a ser más difícil que aprender.

Nuestras mentes ya están programadas con diferentes ideas e información lo cual requiere de cierto enfoque y esfuerzo para reorientarla. Muchos líderes fallan en hallar dicha determinación y enfoque, y es por eso mismo que se dirigen hacia el analfabetismo.

La realidad es que no podemos permanecer iguales. Todos cambian; tu lo harás también. Quizás sea tiempo de despedir algunos viejos métodos de hacer ciertas cosas y adoptar una nueva perspectiva. Con cada nueva temporada llegan nuevos métodos, estrategias y visión.

EL MAYOR OBSTÁCULO AL ÉXITO ES EL ÉXITO QUE HEMOS TENIDO EN EL PASADO PORQUE SUPONEMOS QUE YA LO SABEMOS TODO.

Por ejemplo, algunas personas se quejan diciendo, "¡La gente hoy en día no está tan comprometida como antes!". La gente está comprometida, pero de una manera diferente. Los compromisos de hoy en día son a corto plazo. Es importante estudiar y reconocer el tiempo en el que vivimos hoy; no ayer ni la semana pasada.

¿Qué conocimiento pasado se interpone en lo que necesitas aprender hoy? ¿Qué costumbres actuales se interponen en lo que necesitas hacer? El mayor obstáculo al éxito es el éxito que hemos tenido en el pasado porque suponemos que ya lo sabemos todo. Si estás dispuesto a aprender, desaprender y volver a aprender, tu futuro será brillante.

PARA REFLEXIONAR

¿Qué necesitas desaprender? ¿Qué mentalidad o hábitos has adoptado y mantenido de éxitos pasados? ¿En qué manera pueden estos métodos o esa forma de pensar estar impidiendo que logres nuevos éxitos?

_____

_____

_____

_____

_____

_____

_____

_____

_____

_____

_____

_____

_____

_____

_____

_____

_____

_____

día 3

CONVIRTIÉNDOTE EN UN REVOLUCIONARIO

URANTE UN VIAJE QUE hice hace un par de años atrás, recuerdo estar parado en la plaza de Nelson Mandela en Johannesburgo, Sudáfrica. Hoy en día consideramos a Nelson Mandela como un revolucionario. Mientras contemplaba su monumento ese día, la pregunta que vino a mi mente fue la siguiente: "¿Cómo es que individuos como él llegan a cambiar el mundo? ¿Cómo comienzan? ¿Acaso nacen con ciertos pedigríes especiales que los capacitan a ser revolucionarios?". De ser así, entonces la mayoría de nosotros no tenemos esa suerte.

Pero yo no creo que ese sea el caso. Los revolucionarios son simplemente personas comunes que llegan a hacer cosas extraordinarias. ¿Cómo comienzan? Comienzan con una idea o un pensamiento. Estos individuos piensan: "Veo que hay una necesidad aquí; me gustaría marcar la diferencia". Los revolucionarios primero identifican las necesidades de su comunidad y luego van un paso más allá: las suplen. Ellos marcan la diferencia. Una cosa resulta en otra —años de trabajo y de cimentar su legado— y eventualmente, se convierten en revolucionarios.

LOS REVOLUCIONARIOS PRIMERO IDENTIFICAN LAS NECESIDADES DE SU COMUNIDAD Y LUEGO VAN UN PASO MÁS ALLÁ: LAS SUPLEN.

Hoy, quisiera animarte. Quizás desees cambiar el mundo de alguna manera, pero te sientes abrumado o inseguro porque no sabes cómo comenzar. De algo puedes estar seguro: no se dará al formular un plan estratégico ni con asistir a una conferencia o un seminario. Tampoco se dará todo a la vez ni inmediatamente, así que no te añadas presión con esa expectativa poco realista. Para llegar a ser una persona que cambie el mundo, necesitas primero apasionarte por las necesidades que te rodean. ¡Comienza por marcar la diferencia donde estás hoy! Busca a Dios y avanza un paso a la vez.

Quién sabe si algún día se llegará a nombrar una plaza en tu honor. Y aunque así no aconteciere, habrás marcado la diferencia en las vidas de las personas a tu alrededor, y esa es la verdadera definición de un revolucionario.

PARA REFLEXIONAR

¿Cuáles son las necesidades que observas en tu comunidad? ¿Qué pasos podrías dar en el esfuerzo de suplirlas? Toma un momento para orar y examinar detenidamente tus motivos. ¿Te satisface hacerlo para el Señor y para las personas que te rodean, o buscas algo más?

día 4

TARDE O TEMPRANO

PIENSA POR UN MOMENTO en los negocios que ves todos los días —pueden ser bufetes, tiendas minoristas, agencias de adopción de mascotas, etc—. La variedad es innumerable. Toda organización comienza con alguien que trabaja con sus amigos o familiares. Las únicas personas a quienes pueden acudir por apoyo son aquellos que más los aman. Luego, a medida que el negocio crece, muchas veces son esas las personas que se convierten en los empleados.

Cuando esto sucede, surge un gran cambio; un cambio que muy a menudo pasa por desapercibido y que rara vez lo abordamos en nuestros círculos organizacionales. Cuando otra persona controla tu horario de trabajo y te da órdenes de qué hacer, es imposible mantener la misma relación que tenías antes de que firmaran tu cheque de pago. Es cierto que como líder es totalmente posible aún honrar y respetar a tus empleados, pero las responsabilidades en el comité han cambiado.

El tiempo que pasamos fuera del trabajo junto a miembros de familia que son también nuestros empleados disminuirá. Existen amigos que progresivamente se han distanciado debido a situaciones laborales como esta. Es inevitable; habrá cambios en tus relaciones. Es importante reconocer y aceptar esto *antes* de contratar a un amigo o familiar y que ambos lados estén listos para el cambio.

TEN PRESENTE EL ABISMO QUE EXISTE ENTRE "EMPLEADO" Y "AMIGO". TARDE O TEMPRANO, TENDRÁS QUE ABORDARLO.

Puede que los amigos se distancien después de un tiempo. Puede que la familia no siempre pueda hablar sobre asuntos no relacionados al trabajo con la misma facilidad. Las amistades tienen sus límites, aún cuando hay una buena comunicación antes del cambio. Necesitas dirigir a tus empleados bajo una mentalidad de empleador, no de amigo. Esto puede resultar difícil, pero el éxito de tu organización depende de ello.

Básicamente, ten presente el abismo que existe entre "empleado" y "amigo". Tarde o temprano, tendrás que abordarlo.

PARA REFLEXIONAR

¿Has trabajado alguna vez con o para un miembro de familia? ¿Has tenido alguna vez a un amigo o miembro de familia trabajar para ti? ¿Cuál es la dinámica—y cómo se diferencia— cuando un miembro de familia es quien firma tu cheque de pago?

_____

_____

_____

_____

_____

_____

_____

_____

_____

_____

_____

_____

_____

_____

_____

día 5

POR QUÉ NECESITAS RENOVAR TU CERTIFICACIÓN

E N Noviembre 2015, visité el Taj Majal en India. Fue una experiencia maravillosa. El guía nos mostró todo el sitio y nos contó la historicidad del lugar. Yo me puse a hablar con él y poco tiempo después entablamos una conversación. En un momento le pregunté, "Cuéntame, ¿cómo fue el proceso de llegar a ser un guía turístico?".

El me mostró su licencia y me dijo, "Cada tres años, tengo que presentarme y renovar mi certificación". Yo pensé para mi mismo, "¿Renovar la certificación? ¡El Taj Majal fue construido en los años 1600s! Nada ha cambiado desde entonces, ¿verdad?". Luego hice la pregunta de seguimiento obvia: "¿Por qué necesitas renovar tu certificación?".

Su respuesta fue simple: la renovación de su certificación no se debía a que el sitio cambiara, sino que era para asegurar que el guía mantuviera la calidad y habilidad de guiar y representar el sitio apropiadamente a los turistas. Eso me llevó a pensar: Muchos de nosotros predicamos el evangelio de Jesucristo; muchos servimos en corporaciones o cargos ejecutivos. Tenemos una especialidad, un comercio, un llamado, y muchos elementos de ese llamado nunca cambian. El evangelio, definitivamente, nunca cambia. Entonces, la pregunta es esta: ¿Qué estamos haciendo *nosotros* para renovar nuestras certificaciones?

EVALÚA HONESTAMENTE TU RENDIMIENTO Y DESEMPEÑO Y TU CONOCIMIENTO. ¿TE CONTRATARÍAS POR SEGUNDA VEZ?

Te insto a que te hagas unas cuantas preguntas hoy; evalúa honestamente tu rendimiento y desempeño y tu conocimiento. ¿Te contratarías por segunda vez? ¿Renovarías tu certificación al nivel que sirves hoy? Piensa en qué requeriría renovar tu certificación este año. ¿En qué área podrías crecer? ¿Cómo podrías examinarte a ti mismo? Y luego de considerar estas preguntas, ¡hazlo!

PARA REFLEXIONAR

¿Te contratarías por segunda vez? En tu llamado o en tu puesto o cargo, ¿qué ha cambiado en los últimos años? ¿Cómo puedes anticipar y prepararte para los cambios futuros de manera que estés continuamente renovando tu certificación tu mismo?

día 6

CRECIMIENTO SIGNIFICA DOLOR

HE DESCUBIERTO EL FACTOR diferenciador entre un líder de alto nivel y alguien que se ha estancado. ¿Tú sabes cuál es el factor? No es la experiencia, las habilidades, el dinero ni las conexiones. No es la bravuconada ni la humildad; ni siquiera un espíritu colaborativo. ¿Qué es lo que frena a un líder? Esta simple verdad: solamente crecerás hasta el punto de tu umbral de dolor. Cuanto más dolor puedas soportar, más lejos llegarás. ¿Por qué?

Porque el crecimiento significa un cambio. Cada vez que creces, algo en tu vida cambia. El cambio significa pérdidas. Para poder avanzar, debes perder algo —comodidad, personas, el statu quo—. La pérdida significa dolor. No nos gusta tener que renunciar a ciertas cosas; no es algo humanamente natural.

Entonces, el crecimiento significa dolor. Todos tenemos cierta capacidad de tolerar dolor. Si aumentas tu capacidad, podrás crecer más. Es directamente proporcional. Si tu eres el líder principal en tu organización, tu umbral de dolor te elevará, te estancará, o te arrastrará hacia abajo, y tendrá el mismo efecto en tu organización. Si quieres predecir cuán lejos llegará un negocio o un ministerio, simplemente observa el umbral de dolor de la persona arriba del todo.

SOLAMENTE CRECERÁS HASTA EL PUNTO DE TU UMBRAL DE DOLOR.

La verdad es que ningún cargo de liderazgo viene sin dolor. No nos gusta el dolor y puede perturbar nuestra mente. Sin embargo, tenemos la opción de comprender, abrazar, y atravesar el dolor. De hecho, esa es la marca del verdadero liderazgo: cuanto más alto subas, más dolor habrá. Es por eso que, solamente crecerás hasta el punto de tu umbral de dolor. Así que, ¿cuánto quieres crecer?

CRECIMIENTO SIGNIFICA DOLOR

PARA REFLEXIONAR

¿Cómo te ha impedido el dolor a que avances en tu liderazgo? ¿Cómo podrías aumentar tu umbral de dolor para que los desafíos que se presenten no retrasen tu crecimiento y progreso en el futuro?

_____

_____

_____

_____

_____

_____

_____

_____

_____

_____

_____

_____

_____

_____

_____

_____

CÓMO HACER QUE TU LEGADO PERDURE

E N LA CIUDAD DE Delhi, India, se encuentra el majestuoso Qutab Minar, una torre que imita la silueta de la torre inclinada de Pisa, Italia. Esta impresionante estructura fue construida por un rey hace más de 2,000 años. El escogió usar un diseño innovador e incorporar materiales de calidad que pudieran entrelazarse en vez de usar cemento y mortero. El resultado aún se erige fuerte; prueba del legado de un trabajo arduo y de calidad.

Sin embargo, junto al Qutab Minar se encuentra otra torre. Esta imitación fue construida por lo que consideraríamos otro rey "competidor". Este rey añoraba la gloria de construir una torre como el Qutab Minar, pero él escogió utilizar materiales inferiores y poco costosos. Él quería el armazón, pero sin tener que esperar los años de arduo trabajo que algo así requiere.

En vez de materiales costosos y que engranaran bien, el rey rival usó tierra y ladrillo. Él trató formar una torre imperecedera con materiales comunes y ordinarios.

LO QUE COSTEAS ES LO QUE DETERMINARÁ TU LEGADO EN LOS AÑOS POR VENIR.

¿En qué estado se encuentra dicha torre en el día actual? El trabajo quedó a medias; es una estructura incompleta que se sienta en la sombra del Qutab Minar. La lección aquí es clara: si quieres que tu legado perdure, no solamente necesitas aclarar qué estás construyendo sino también debes saber con *qué* estás construyendo.

¿Qué materiales estás utilizando en tu organización hoy? ¿Son de calidad? ¿O puede ser que te hayas conformado con arreglos rápidos y poco costosos en el intento de acelerar el proceso? Lo que costeas es lo que determinará tu legado en los años por venir. En pocas palabras: ¡utiliza buenos materiales!

PARA REFLEXIONAR

¿Estás edificando con materiales de calidad? ¿Cómo podrías enfocarte más en esto en tu temporada actual? ¿Qué diferencia crees que haría en tu futuro?

_____

_____

_____

_____

_____

_____

_____

_____

_____

_____

_____

_____

_____

_____

_____

_____

_____

día 8

CUANDO COMETES ERRORES

SI TIENES VIDA, aliento y estás haciendo algo con propósito en tu vida, cometerás errores. Es simplemente un hecho de la vida. Las únicas personas que no cometen errores son las personas que están muertas (y las personas que no están haciendo nada con sus vidas). Si tu crees que no cometes errores, acabas de cometer uno. Hay cuatro cosas esenciales que necesitamos hacer cuando —no en caso que cometamos, sino cuando— cometemos un error.

Lo primero es reconocer que hemos cometido un error. Quizás pienses que nadie se dio cuenta, y quizás nunca seas confrontado al respecto, pero la gente observa y nota. Si tu no lo reconoces, perderás equidad con tu equipo.

Lo segundo es confesar el error. Cualquier sea el área en la que te equivocaste, llévalo a la atención de tus colegas; ten una conversación con tu equipo, tu jefe y tu supervisor. Identifica lo que hiciste mal. Lo cual nos lleva a lo siguiente:

Aprende. Necesitas identificar qué has aprendido del error para que el error sea provechoso. ¿Aprendiste a pedir permiso primero? ¿A tomarlo con calma? ¿Aprendiste a nunca más hacer cierta cosa? Identifica la lección en el error y sigue adelante.

NECESITAS IDENTIFICAR QUÉ HAS APRENDIDO DEL ERROR PARA QUE EL ERROR SEA PROVECHOSO.

Por último, tenemos que cometer nuevos errores, lo cual va en contra de nuestra naturaleza. Pero si estamos constantemente temiendo cometer otro error, nunca alcanzaremos nuevas alturas —le pondremos un techo, o un límite, a nuestra visión—. No vayas a lo seguro. Comete errores nuevos; no repitas errores pasados. Cometer errores nuevos demuestra que estás probando algo nuevo y abarcando nuevas áreas, lo cual es fundamental para un líder.

Para resumir: reconócelo, confiésalo, aprende y comete nuevos errores. Cuando juntas estos cuatro elementos, pueden comenzar a cometer errores saludable y productivamente; la mejor manera posible.

PARA REFLEXIONAR

¿Cuándo fue la última vez que cometiste un error? ¿Cuál o cuáles de los cuatro pasos aquí presentados aplicaste exitosamente? ¿Qué aprendiste de ese error y cómo te ayudará la lección a seguir adelante?

---

día 9

SÉ UN GUÍA TURÍSTICO

HAS VIAJADO ALGUNA VEZ, ya sea por placer o negocios, y requeriste la ayuda de un agente de viajes o un guía turístico? Si has tenido esa experiencia, entonces sabes que este tipo de profesionales poseen ciertas habilidades y tienen acceso a tareas especializadas en el proceso de viaje que pueden hacer la experiencia mucho más placentera.

Un agente de viaje te ayudará a llegar a donde tu deseas ir. Es posible que ellos nunca hayan puesto un pie en ese lugar, pero saben cómo hacer que llegues allí. Son expertos cuando se trata de modos de transporte. Una vez hayas llegado a tu destino, el agente de viajes ha cumplido con su rol, y le pasa la estafeta al guía turístico.

Un guía turístico, en comparación al agente de viajes, sí conoce el lugar personalmente. Él visita el lugar diariamente, ha pasado meses estudiándolo y hablando sobre él. Entiende su importancia y la historia de ese destino suficientemente para contestar todas tus preguntas.

NO TE CONFORMES CON SIMPLEMENTE SER UN AGENTE DE VIAJES, CONSEGUIR QUE LA GENTE ENTRE POR LA PUERTA. ¡SÉ UN GUÍA TURÍSTICO!

¿Sabes qué sería bueno implementar en nuestras organizaciones? Una ética que vaya más allá de simplemente enviar o invitar a la gente a nuestra organización; que se esfuerce en acompañarlos y orientarlos al llegar. Si supieras lo suficiente sobre tu empresa —negocio, iglesia, firma— para darle a la gente un recorrido detallado, ¿no crees que eso ayudaría a que la gente reconozca la importancia? ¿Acaso no sería grandioso que sintieran la historia, la belleza, de tu organización y añadiera valor a sus vidas?

No te conformes con simplemente ser un agente de viajes, conseguir que la gente entre por la puerta. ¡Sé un guía turístico!

PARA REFLEXIONAR

¿Qué habilidades posees que se asemejen a las de un "agente de viajes"? ¿Cómo aportas y utilizas dichas habilidades en tu organización? ¿Qué habilidades posees que se asemejen a las de un "guía turístico"? ¿Cómo podrías ayudar a exponer el valor de tu organización a otras personas?

_____

_____

_____

_____

_____

_____

_____

_____

_____

_____

_____

_____

_____

_____

_____

_____

¿DÓNDE ESTÁ TU CORAZÓN?

TODA ORGANIZACIÓN TIENE UN corazón, incluyendo la tuya. Todos hemos escuchado el término "integración" ser mencionado en los círculos ministeriales y empresariales. Eso se debe a que el corazón de una organización es evidente en cómo integras a los nuevos miembros. Veamos como esto se desenvuelve en un nivel práctico.

Si alguien viniera a tu iglesia este fin de semana, se convirtiera y se hiciera miembro de tu iglesia, ¿cuál sería tu plan para la vida de esa persona? ¿Cómo la envolverías en cada área? ¿Cuáles serían los marcadores de éxito para tu iglesia? ¿Cómo sabrías que alcanzaste tu objetivo y que sus necesidades fueron suplidas efectivamente? La mayoría de las iglesias no tienen un proceso sistemático para cada etapa del crecimiento de un miembro. Al contrario, esperan que la persona haya cumplido con todas las expectativas para luego integrarla por completo. Cuando hacemos esto, estamos revelando, de alguna manera, el corazón de nuestra organización.

Aquí tienes una pregunta importante: piensa en tu proceso de integración con nuevos empleados. Si alguien comenzara a trabajar para ti hoy –y hoy fuese Día 1– ¿cuál sería tu plan para esa persona? ¿Tienes alguno en mente? ¿Comenzarías como cualquier otra organización lo hace, con recursos humanos, pólizas y procedimientos? O, de lo contrario, ¿le enseñarías sobre la cultura y te asegurarías que encaje bien en tu organización antes de proseguir? ¿Invertirías en esa persona para que llegue a ser un mejor empleado?

CÓMO INTRODUCES A UNA PERSONA EN TU ORGANIZACIÓN DETERMINARÁ SU LONGEVIDAD Y PRODUCTIVIDAD.

La mayoría de las organizaciones, religiosas y también seculares, no han considerado este proceso. Puedes optar por seguir improvisando, si así lo deseas. Sin embargo, esto es lo que necesitas saber: si fallas en integrar a la persona a tu organización, te costará tres veces más la cantidad de tiempo, energía y dinero hallar un reemplazo, que hacerlo bien desde el comienzo. Cómo introduces a una persona en tu organización determinará su longevidad y productividad. Procura apelar al corazón de la persona primero, y a su vez, la persona podrá ver y reconocer tu corazón.

PARA REFLEXIONAR

¿Cuál es tu proceso de integración para nuevos miembros? ¿Y para nuevos empleados? ¿Cómo podrías afinar este proceso para incorporar la integración y el desarrollo personal en cada área y nivel del trayecto de esta persona en tu organización?

_____

_____

_____

_____

_____

_____

_____

_____

_____

_____

_____

_____

_____

_____

_____

_____

_____

_____

UN AMOR MORTAL

Q UIZÁS HAYAS ESCUCHADO SOBRE la leyenda de Narciso, quien vio su reflejo en el agua, se enamoró de si mismo, se arrimó aún más cerca y se cayó en el agua y se ahogó. Narcisismo, por ende, es enamorarte de ti mismo. Desafortunadamente, esta enfermedad abunda en nuestra sociedad y peor aún, discretamente se infiltra disfrazada de humildad. Estas acumulaciones de narcisismo que se esconden debajo de la superficie son especialmente comunes en el liderazgo.

El narcisismo es la voz interior que dice, "Yo soy el más inteligente. Tengo todas las respuestas. Puedes acudir a mi para cualquier solución que necesites". Es la actitud que te convence que tienes toda la razón, todo el tiempo. Cuando el narcisismo obtiene poder de tu corazón y de tu mente, comienzas a tener más amor por ti mismo que respeto por las responsabilidades de liderazgo que se te han confiado.

En el esfuerzo de erradicar este amor mortal y egoísta, enfrentamos varios retos. El primer reto es que a una persona narcisista naturalmente le cuesta reconocer que es orgullosa. Las personas a su alrededor quizás puedan percibir que algo no está bien, pero no pueden definir exactamente qué y no tienen la autoridad para confrontarla. Cuando esta dinámica continúa por demasiado tiempo, la cultura se vuelve enfermiza para la organización.

PIENSA EN TI MISMO, PERO NO POR ENCIMA DE OTROS. RESPETA TU OPINIÓN, PERO NO SOBRE LA OPINIÓN DE OTROS.

Te reto a lo siguiente —la clave para evitar el narcisismo—: Piensa en ti mismo, pero no por encima de otros. Respeta tu opinión, pero no sobre la opinión de otros. Honra lo que ha acontecido en tu vida sin deshonrar a otros. Aprende las lecciones de la vida sin minimizar las personas a tu alrededor. Cuando puedas hacer eso, tendrás tu orgullo bajo control y serás un mejor mayordomo del liderazgo que se te ha confiado.

Realiza un inventario de ti mismo. Un líder narcisista no perdurará; siempre caerá.

PARA REFLEXIONAR

Piensa en la leyenda de Narciso. ¿En qué punto de la historia estás? ¿Estás notando algo de ti por primera vez? ¿Estás obsesionado con tus propios logros y cualidades? ¿Te has caído al agua y te estás ahogando? En oración, pide a Dios que te ayude a guardar tu corazón del amor mortal. Entrégate a lo que Él te revele y lo que necesitas hacer.

_____

_____

_____

_____

_____

_____

_____

_____

_____

_____

_____

_____

_____

FALTA DE AUTOCONSCIENCIA

C OMO LÍDERES, SE NOS hace fácil estar percatados del ritmo frenético del mundo que nos rodea. Vemos nuestra organización, nuestro producto, nuestras finanzas y nuestro equipo, y también vemos todo lo externo a nosotros. Sin embargo, a los líderes les cuesta permanecer conscientes de si mismos. En medio del caos y la abundancia de actividades que acontecen en el diario vivir, no ponemos mucha atención a lo que acontece en nuestro interior.

¿Por qué pasa esto? En pocas palabras, no es algo fácil de hacer. Ser consciente de uno mismo requiere que hagamos preguntas existenciales difíciles: "¿Por qué estoy aquí? ¿Cuál es mi propósito? ¿Quién soy? Si yo no estuviera aquí, ¿qué cambiaría? ¿Cuál será mi legado?". Estas preguntas no se responden en cinco minutos. Ser consciente de ti mismo también requiere que enfrentes las áreas de tu vida y tu personalidad que quizás no te agraden mucho: las auto-dudas, tus temores, desafíos y otras más.

Muchas veces, renunciamos a nuestra autoconsciencia por hacer más, ser más y lograr más. Si nos detuviéramos por un momento y tratáramos de sintonizar con nuestro ser interior, nos daríamos cuenta que nuestra capacidad ha llegado a su límite. Nos daríamos cuenta que la realidad es que hemos descuidado a nuestra familia; que hemos descuidado nuestra salud; que nos hemos desconectado del mundo que nos rodea.

EN LA INCOMODIDAD DE LA AUTOCONSCIENCIA SE ESCONDE UN TESORO INVALORABLE

Pareciera más fácil ocuparse con cosas que hacer y estar consciente de todo, menos de ti mismo. Ten cuidado. En la incomodidad de la autoconsciencia se esconde un tesoro invalorable. La autoconsciencia te mantiene motivado, fuerte, saludable y en constante crecimiento. Sé el mejor líder que puedes ser al mantenerte autoconsciente diariamente. Te destacarás entre otros líderes y los inspirarás a hacer lo mismo.

PARA REFLEXIONAR

¿Qué porcentaje de tu día inviertes en ti mismo; desarrollándote a ti mismo y siendo consciente de ti mismo? ¿Qué podrías hacer para incrementar este porcentaje y a qué necesitarás renunciar para llevarlo a cabo?

_____

_____

_____

_____

_____

_____

_____

_____

_____

_____

_____

_____

_____

_____

_____

_____

día 13

INTEGRIDAD Y BUEN CARÁCTER

NTEGRIDAD Y BUEN CARÁCTER; eso es todo lo que tienes. Al final del día, pueden quitarte tu dinero, tu casa, tu auto, todo lo que posees, pero nadie puede quitarte tu integridad y tu buen carácter. Es algo de lo cual únicamente tú puedes desprenderte.

¿Qué es la integridad? Proviene de la palabra en Latín "integer", la cual significa entero o completo. Un individuo enteramente completo es conocido como una persona con integridad. Los dos hemisferios de tu integridad son tu hablar y tu caminar y estos tienen que coincidir. Por lo tanto, si tenemos integridad, habrá congruencia entre *quién* somos y lo *que* hacemos. Cuando conoces a una persona con integridad, sabes que puedes confiar en él o ella. Sabes que su palabra tiene validez. Sabes que son fiables.

¿Qué es el buen carácter? Este está compuesto por tus decisiones. El buen carácter es algo que escogemos cada día, cada hora y en cada minuto. Si eres una persona de buen carácter, significa que, independientemente de si alguien esté mirando o no, harías lo correcto. No se trata de quién pueda estar mirando sino hacer lo que es correcto. Las decisiones que tomas saldrán a la luz tarde o temprano. Si tomas decisiones de las cuales te sientes orgulloso o orgullosa, o si tomas decisiones de las cuales te avergüenzas, ambas igualmente afectarán el trayecto de tu vida. Es fácil recuperarnos de las decisiones basadas en nuestra competencia, pero una decisión de mal carácter puede tener consecuencias que afecten el resto de tu vida.

ES FÁCIL RECUPERARNOS DE LAS DECISIONES BASADAS EN NUESTRA COMPETENCIA, PERO UNA DECISIÓN DE MAL CARÁCTER PUEDE TENER CONSECUENCIAS QUE AFECTEN EL RESTO DE TU VIDA.

Cuando tu vida está completa, y cuando tienes buen carácter, no necesitas recordar lo que dijiste y a quién se lo dijiste, y llevar un registro de la historia; la verdad no cambia. Eso es sumamente valioso. No puedes comprar integridad. Tampoco puedes comprar buen carácter. Tienes acceso libre a ambos, pero tienen un alto precio.

PARA REFLEXIONAR

Cuando consideras la integridad y el buen carácter, ¿cuál dirías has desarrollado más a estas alturas de tu vida? Explica tu respuesta. ¿Cómo se entrelazan las dos? ¿Qué podrías hacer esta semana para desarrollar el atributo más escaso en tu vida?

_____

_____

_____

_____

_____

_____

_____

_____

_____

_____

_____

_____

_____

_____

_____

_____

_____

_____

día 14

NO SUPONGAS NADA

TODOS SUPONEMOS COSAS. Si alguien dice "automóvil" o "casa", automáticamente se te viene alguna imagen a la mente. Todos hacemos esto naturalmente y lo que imaginamos varía de una persona a otra. Una persona quizás se imagine un Lexus negro; otra una camioneta vieja de color rojo.

Los líderes se meten en problemas cuando toman decisiones basadas en sus suposiciones. Es fácil para ellos suponer que las perspectivas y los métodos de otras personas se conformarán a su propia mentalidad. Sin embargo, el simple hecho que algo haya sido lo correcto la semana pasada no significa que esté en lo cierto hoy. Y el simple hecho que un líder entienda un concepto no significa que las personas a quien procura comunicarlo lo vean de la misma manera. Tenemos que aceptar el hecho que las cosas cambian y todos somos diferentes en cuanto a nuestra manera de pensar y en qué pensamos.

Es importante que los líderes aclaren todo y supongan nada. Imagínate que esta mentalidad de no suponer nada es un sombrero. En vez de decir, "Yo sé esto", tu postura sería, "No puedo suponer nada". Este sombrero te mantiene en el camino del conocimiento concreto.

COMO LÍDER, VERIFICAR LAS COSAS TE PONE EN UNA POSICIÓN DE CERTEZA Y CONSECUENTEMENTE TE PERMITE TOMAR DECISIONES SÓLIDAS.

Las personas suponen cosas porque exageran su autoconocimiento. Sin embargo, como líder, verificar las cosas te pone en una posición de certeza y consecuentemente te permite tomar decisiones sólidas. Deja de suponer y comienza a cavar más profundo. Asegúrate que sepas bien con lo que estás lidiando y luego toma decisiones respectivamente.

PARA REFLEXIONAR

¿Cuáles suposiciones has estado haciendo en tu liderazgo? ¿Hay alguna perspectiva diferente a la tuya que hayas ignorado o fallado en reconocer de los miembros de tu equipo? ¿Cómo puedes incorporar estas diferencias y comunicarte más efectivamente?

_____

_____

_____

_____

_____

_____

_____

_____

_____

_____

_____

_____

_____

_____

_____

_____

PARTE II:
PRODUCTIVIDAD

CÓMO UTILIZAR LA CONEXIÓN Y EL CONTENIDO

C OMO CONSULTOR DE LÍDERES, tengo el privilegio de hablar en diferentes plataformas por todo el mundo. He compartido en Nueva Zelanda, Australia, Brasil, Sudáfrica, India, Nigeria, Ghana, entre otros grandiosos países. También he cometido errores en muchas plataformas, a las cuales me subí con seguridad y confianza en el contenido que tenía para compartir, sin embargo, tras los primeros minutos de mi charla, ya podía sentir la densidad en el ambiente. ¿Por qué? Porque no había una conexión entre mi audiencia y yo.

¿Te ha pasado eso alguna vez? ¿Has sentido alguna vez la sensación de que todo lo que dices cae en un saco roto? Después de haber pasado probablemente días preparando tu discurso, ¿por qué hay una falta de conexión?

Para responder a esa pregunta, miremos más de cerca el vínculo entre conexión y contenido. Si la conexión es el puente, y el contenido es el producto que necesitas llevar hacia el otro lado, ¿cuál piensas que necesitas establecer primero? Este es un error que muchos líderes y oradores cometen. No puedes comenzar con el contenido. Al contrario, debes comenzar con establecer una conexión con tu audiencia.

EN LOS PRIMEROS SESENTA SEGUNDOS DE CUALQUIER CHARLA QUE DOY, PROCURO OBSESIVAMENTE ESTABLECER UN PUENTE.

En los primeros sesenta segundos de cualquier charla que doy, procuro obsesivamente establecer un puente. Puede que mi audiencia me conozca bien, como puede que nunca antes haya escuchado de mi. En ambos casos, necesito construir un puente que me permita cruzar mi contenido de un lado al otro.

Entonces, ¿qué estás haciendo para llevar tu contenido hacia el otro lado? ¿Cómo estás estableciendo una conexión con tu audiencia, tu cliente potencial, tu comunidad? Por experiencia, te puedo decir que puedes tener el mejor contenido, pero no tendrás el impacto que deseas si no logras establecer una conexión. Enfócate en el contenido, pero aún más, enfócate en la conexión.

PARA REFLEXIONAR

Al dirigirte a una audiencia, ¿generalmente te enfocas más en la conexión o en el contenido? Explica por qué un orador necesita destacarse en ambos para poder alcanzar a su audiencia.

_____

_____

_____

_____

_____

_____

_____

_____

_____

_____

_____

_____

_____

_____

_____

_____

_____

día 16

LA NECESIDAD DE CONSTANTE MEJORAMIENTO

HAS ESCUCHADO ALGUNA VEZ a un atleta de clase mundial decir, "¿Sabes qué? Estoy en la cima. Soy un campeón. No necesito mejorar aun más. Yo creo que ya no necesito practicar."? ¡Por supuesto que no! Ningún atleta o músico exitoso piensa así.

Entonces, ¿por qué será que en los círculos de liderazgo nos conformamos con hacer las cosas como siempre las hemos hecho? ¿Por qué no aprovechamos las oportunidades de mejoramiento y desarrollo continuo? El mundo no está estático sino siempre está moviéndose y cambiando. Si tú pones el piloto automático en tu liderazgo, la gente comenzará a pasarte por alto.

Cuando llegues a ese punto, tratarás de controlar a las personas y tu habilidad de liderar será afectada por tus inseguridades. Cualquier persona que haya intentado usar este método puede decirte que no funciona.

Aquí tienes algo que necesitas decirte a ti mismo diariamente: "¿Qué hay en mí que podría impedir que me convirtiera en todo aquello para lo que estoy destinado?".

"¿QUÉ HAY EN MÍ QUE PODRÍA IMPEDIR QUE ME CONVIRTIERA EN TODO AQUELLO PARA LO QUE ESTOY DESTINADO?"

La única persona interpuesta entre tú y el próximo nivel eres tú. No importa cuán bueno eres ahora, en este momento; necesitas mejorar constantemente. Comienza por rechazar lo que *ellos* dicen de ti. La mayoría de nosotros tenemos unas pocas personas que nos alaban y animan. El momento en que comienzas a tomar enserio sus expresiones de admiración —el momento en que piensas que eres la última coca cola del desierto— dejaste de mejorar.

Comprométete con mejorar continuamente. Quizás requiera leer, escuchar, asistir ciertas conferencias, escribir o simplemente salir de tu zona de confort. Si no mejoras constantemente, frenarás el crecimiento de tu organización. En pocas palabras, puedes crecer, debes crecer y necesitas crecer.

PARA REFLEXIONAR

Apunta dos o tres cosas que podrías mejorar esta semana. ¿Qué efecto tendrán estos cambios en tu equipo y en tu organización?

_____

_____

_____

_____

_____

_____

_____

_____

_____

_____

_____

_____

_____

_____

_____

_____

_____

_____

LA NECESIDAD DE MENTORES Y ENTRENADORES

Q UIZÁS UNO DE LOS mayores lamentos que muchas personas tienen es mirar atrás y darse cuenta que nunca tuvieron un mentor o entrenador que los ayudara a transitar el camino. Algunos dirían que tener a alguien que pueda impartir sabiduría en tu vida es un lujo, pero en el liderazgo, los mentores y entrenadores hacen una gran diferencia.

Piensa en los atletas por un momento. Hay jugadores de tenis y golf que no atribuyen su grandeza a nadie más que su propio esfuerzo, pero cualquier experto te puede decir que esas personas nunca llegarían a los campeonatos —al sumo nivel de su habilidad— sin alguien que los instruya y entrene. No existe nadie en este mundo que logre cosas grandes sin un entrenador y mentor.

Entonces, ¿por qué será que nosotros, como líderes, pensamos que podemos avanzar hacia adelante en el lugar donde Dios nos ha puesto sin estas personas?

Este mismo principio hallamos en la Biblia. Timoteo y Tito tenían a Pablo. Pablo tenía a Aquila, Priscila y Bernabé. A medida que leemos las escrituras, podemos ver la evidencia de los mentores en las vidas de las personas. Es parte del diseño de Dios que crezcamos juntos.

LO MEJOR QUE PUEDES HACER ES RODEARTE DE UN GRUPO DE PERSONAS CUYA EXPERIENCIA Y SABIDURÍA PUEDAN IMPULSARTE AL PRÓXIMO NIVEL.

Quieres subir más alto; quieres alcanzar el próximo nivel que Dios tiene para ti; para hacerlo, necesitas un mentor. Para hacerlo, necesitas un entrenador. ¿Quién tiene permiso de hablar formalmente en tu vida con autoridad? Lo mejor que puedes hacer es rodearte de un grupo de personas cuya experiencia y sabiduría puedan impulsarte al próximo nivel. Hoy, haz una lista de las personas a quienes te gustaría acercarte y haz planes de pasar tiempo con ellas y llegar a conocerlas.

PARA REFLEXIONAR

Haz dos listas: una lista de todos los mentores y entrenadores que tienes actualmente en tu vida, y otra lista de las personas a quienes puedes acercarte e invitar a que sean tus mentores o entrenadores. ¿Qué tiene cada una de estas personas para brindarte y ayudarte a subir al próximo nivel en tu vida?

_____

_____

_____

_____

_____

_____

_____

_____

_____

_____

_____

_____

_____

_____

_____

_____

día 18

EVENTOS Y PROCESOS

C ADA ORGANIZACIÓN TIENE EVENTOS y procesos. Algunas organizaciones dicen, "Nosotros
somos buenos en hacer eventos". Otras dicen,
"Nosotros somos muy buenos con los procesos". De
hecho, se debate mucho cuál de estos dos es más valioso. Una organización en crecimiento —en otras
palabras, una organización efectiva— no se enfoca en
perfeccionar uno de estos aspectos operativos, sino
que presta suma atención a ambos.

Existe un ciclo en la planificación: los eventos conducen a procesos que conducen a eventos. Por lo
tanto, la verdadera pregunta no es cuán grande es tu
evento sino cuál es tu plan para el proceso que viene
después del evento. Dedica el mismo tiempo a considerar lo que acontece alrededor de los eventos que a
pensar en el evento en si. La mayoría de las organizaciones —especialmente las iglesias— descuidan los
procesos. Sin embargo, es esencial esforzarse en el
proceso para poder maximizar el evento.

Cómo estructurar a tu equipo basado en estos dos elementos será diferente para cada organización. Puede que el equipo a cargo del evento sea muy diferente al equipo planificando el proceso. Los "pensadores de proceso" son muy diferentes a los "pensadores de eventos". Es posible tener dos equipos diferentes que trabajan conjuntamente. Hazle caso a tu intuición y usa lo que sabes de cómo opera tu equipo para determinar el mejor método para ti.

TU IMPACTO SERÁ MUCHO MAYOR CUANDO PONGAS ATENCIÓN AL PROCESO.

Lo principal es que tu impacto será mucho mayor cuando pongas atención al proceso. Tendrás impulso para llegar a tu objetivo o destino y el impacto para marcar una diferencia a lo largo del camino.

PARA REFLEXIONAR

¿Tiendes a enfocarte más en los eventos o los procesos? ¿A qué crees que se debe? ¿Cómo podrías estructurar las responsabilidades de tu equipo para asegurar que la misma atención sea dedicada a ambos elementos?

----

día 19

CÓMO LOGRAR QUE LAS COSAS SE LLEVEN A CABO

L ÍDERES EN TODAS PARTES del mundo y de la industria batallan con que las cosas se realicen, se lleven a cabo. No es para asombrarse que el tema más popular en los podcasts, libros, y otros materiales sobre el liderazgo disponibles hoy en día es la productividad. Dirigir tu equipo a la ejecución de iniciativas y tareas es desafiante como mucho. Aquí tienes tres palabras que pueden mejorar la eficiencia de tu equipo:

¿Quién?

¿Qué?

¿Cuándo?

Ahora unámoslas en una oración transformadora: "¿Quién hace qué para cuándo?".

Esta declaración puede parecer obvia al principio, pero es una herramienta poderosa que puede transformar la productividad de tus reuniones. Primeramente, necesitas definir y asignar a un individuo —tu "quién"— a cada tarea. De lo contrario, será la tarea de todos y nunca se llevará a cabo. La persona a quien pones a cargo necesita ser tu contacto para esa tarea; necesitas un individuo que sepa darle seguimiento. Asegúrate de escoger al individuo —tu "quién"— correcto.

También necesitas definir y asignar el "qué", lo cual son los elementos específicos del proyecto. Estos necesitan ser comunicados con claridad al comienzo junto con el "quién", si no, terminarás tratando de corregir los efectos de la falta de comunicación. Asegúrate de identificar con claridad lo que quieres.

"¿QUIÉN HACE QUÉ PARA CUÁNDO?". ESTA DECLARACIÓN TIENE EL POTENCIAL DE TRANSFORMAR LA MANERA EN QUE TU EQUIPO EJECUTA LAS INICIATIVAS.

Por último, necesitas definir y establecer el "cuándo": el plazo o la fecha de entrega; sin ello el "qué" no se llevará a cabo. En vez de decir automáticamente "lo más pronto posible", un requisito ambiguo que puede significar algo diferente para cada persona, establece una fecha y horario de entrega. Una vez que responsabilices a alguien con el "cuándo", verás que las cosas se llevarán a cabo con diligencia.

"¿Quién hace qué para cuándo?". Esta declaración tiene el potencial de transformar la manera en que tu equipo ejecuta las iniciativas. ¡Pruébalo con tu equipo esta semana!

PARA REFLEXIONAR

Quién, qué y cuándo: ¿Cuál de estas tres estás utilizando efectivamente? ¿Cuál necesitas implementar y mejorar? ¿Cómo podrías implementar los tres elementos en tu equipo de ahora en adelante?

CERRAR EL CÍRCULO

C OMO LÍDER, HAY MILES de preguntas que cruzan por tu mente a lo largo del día. Quizás surjan mientras te estás duchando o mientras estás manejando camino a casa: "¿Se habrá completado ese proyecto? ¿Se habrá enviado aquel mensaje? ¿Cuándo me responderá fulano?" Estas cosas mantienen tu mente ocupada y ¡no es para menos! Hay líderes en todas partes del mundo que carecen un margen. El problema no es que hacemos estas preguntas; el problema es que, si no las abordamos y las controlamos, estas preguntas crean ansiedad y consumen nuestra capacidad y visión. Te hallarás sentado a la mesa con tu familia, pero ausente y estresado; no podrás estar presente y ser partícipe de tu vida fuera de la oficina.

¿Cómo podemos arreglar este problema? Al cerrar el círculo. Con esta estrategia, la persona a quien se le ha asignado una tarea o responsabilidad entiende que necesita comunicarse contigo, el líder, y reportar su progreso. Las organizaciones rara vez enfatizan suficientemente la importancia de la buena comunicación. Cuando la persona responsable cierra el círculo de comunicación, el o ella te permite marcar el proyecto en tu lista mental como completado o en progreso.

LAS ORGANIZACIONES, SECULARES Y SAGRADAS POR IGUAL, RARA VEZ ENFATIZAN SUFICIENTEMENTE LA IMPORTANCIA DE LA BUENA COMUNICACIÓN.

Ahora, esto suena grandioso, pero voy a ir aun más profundo. Cerrar el círculo puede cambiar radicalmente cómo piensas y operas. Idealmente, la persona te actualizará sobre el estado de la tarea antes de que lo pienses o tengas que preguntar al respecto. Si has entrenado a tu equipo a tener una mentalidad de "cerrar el círculo", se convertirá en parte de su rutina diaria. Lo harán no solamente contigo, su líder, si no también entre ellos mismos.

Si estás cansado o cansada de tener que pedir reportes de progreso o actualizaciones de los proyectos, de las preguntas incesantes y de acarrear ese peso en todo aspecto y área de tu vida, dentro y fuera de la oficina, enséñale a tu equipo a cerrar el círculo en sus tareas y responsabilidades. Necesitan entender la necesidad de ponerte al tanto *antes* de que tu tengas que preguntar al respecto. Cuando no es necesario que preguntes, y ellos toman la iniciativa de darte la información, sabrás que esta estrategia está funcionando.

PARA REFLEXIONAR

¿Por qué crees que las organizaciones en general no enfatizan la necesidad de una excelente comunicación? ¿Qué daños causa esto en los empleados? ¿Y cómo afecta a los líderes? En tus propias palabras, explica cómo cerrar el círculo podría cambiar esta dinámica.

_____

_____

_____

_____

_____

_____

_____

_____

_____

_____

_____

_____

_____

_____

_____

_____

_____

APLICA LOS PRINCIPIOS PRIMERO

L A MAYORÍA DE LÍDERES toman pasos diarios para auto-mejorarse: asistimos conferencias; leemos libros; escuchamos podcasts y navegamos Twitter, Instagram, LinkedIn y Facebook. Estamos constantemente aprendiendo nuevos principios cada día. En todo esto, puede que lleguemos a pensar quc con eso basta; que la circulación constante de información y sabiduría junto a la exposición de las redes sociales y la interacción con gente que comparte nuestros principios es suficiente para ayudarnos a ser mejores.

Sin embargo, el simple hecho que aprendas algo no significa que puedes automáticamente enseñárselo a otra persona. Muchas personas enseñan material que no han procesado y no lo han hecho propio. Comparten principios que ellos no han aplicado a su vida aún. A menudo, no hemos vivido, caminado, masticado y personalizado la sabiduría que compartimos con nuestro equipo.

Es fundamental que los líderes comprendan las implicaciones de los principios que enseñamos; el razonamiento que conllevan. Una vez que hagamos la conexión en nuestro entorno personal, podremos transferir dicha sabiduría al entorno de otra persona. Pero si no comprendemos completamente el peso de lo que aprendemos de esos libros, conferencias y podcasts, no podremos transmitírselo a otros efectivamente.

LOS PRINCIPIOS SIN LA APLICACIÓN SON MERAMENTE CONOCIMIENTO TEÓRICO.

Los principios sin la aplicación son meramente conocimiento teórico. Pero en cuanto haces algo propio, adquieres el poder del principio. En pocas palabras, no te apresures en salir y exponer algo mejor, más nuevo y más grande y enseñárselo a otros; primero hazlo propio.

PARA REFLEXIONAR

Piensa por un momento en algo sabio que hayas aprendido de algún libro, conferencia, podcast u otra fuente, pero que aún no has aplicado por completo en tu vida. ¿Cómo podrías comenzar a aplicar este principio en tu vida esta semana?

_____

_____

_____

_____

_____

_____

_____

_____

_____

_____

_____

_____

_____

_____

_____

_____

PARTE III:
LIDERAZGO

CÓMO LIDIAR CON EL CONFLICTO

NO IMPORTA QUIÉN ERES, todos experimentamos conflicto. En cada relación de nuestras vidas, tendremos que lidiar con la tensión y disensión en algún momento u otro. El conflicto es algo normal, natural y neutral.

Pero, ¿qué exactamente es el conflicto? ¿Por qué se da? Para poder beneficiarnos del conflicto necesitamos identificar dónde se origina. El conflicto prácticamente se trata de las expectativas y la realidad. Cuanto mayor sea la distancia entre la expectativa y la realidad de cualquier relación, más grande será el conflicto. Esto significa que, para llegar a la realidad esperada en una relación, hay que primeramente crear la expectativa correcta.

En la mayoría de los casos de resolución de conflictos, por lo general lidiamos con la realidad, lo que sucedió, en vez de preguntar cuáles eran las expectativas en ambos lados. Aunque las expectativas pueden parecer ser obvias y claras en la mente del comunicador, puede que no hayan sido recibidas con la misma claridad por el receptor. Esto sucede en ambos lados del conflicto; cada persona involucrada tiene una expectativa específica que necesita ser comunicada y respetada.

CUANDO TE ENCUENTRAS CON UN CONFLICTO EN EL CAMINO, DETENTE, RETROCEDE Y HAZTE LA PREGUNTA: "¿COMUNIQUÉ MI EXPECTATIVA CON CLARIDAD?".

En pocas palabras, la resolución de conflictos se basa en crear mejores expectativas. Cuando les dejamos saber a otros cuáles son nuestras expectativas, y honramos las suyas, facilitamos una mejor realidad en que se pueden satisfacer todas las expectativas.

Por último, es importante saber que el enfoque de la resolución de conflictos necesita ser lo sucedido; no en *quién* lo hizo sino en *qué* sucedió. Si lo haces algo personal, lo único que lograrás es escalar la situación y empeorar el conflicto.

Cuando te encuentras con un conflicto en el camino, detente, retrocede y hazte la pregunta: "¿Comuniqué mi expectativa con claridad?".

PARA REFLEXIONAR

Trata de recordar alguna situación en la cual no comunicaste claramente tus expectativas antes de que el conflicto surgiera. ¿Cómo podrías haber cambiado el resultado si hubieras comunicado tus expectativas con claridad?

_____

_____

_____

_____

_____

_____

_____

_____

_____

_____

_____

_____

_____

_____

_____

_____

_____

_____

día 23

LA MAYOR RESPONSABILIDAD DE UN LÍDER

U N LÍDER ENTRA A un salón cargando algunas "maletas". Una de ellas se llama "Integridad"; otra se llama "Experiencia"; otra se llama "Competencia". Todas estas maletas son diferentes maneras en las que un líder dice, "Esto es lo que traigo conmigo como líder y tengo para brindar".

En mi opinión, la maleta más grande que un líder puede cargar consigo al entrar a un salón se llama "Responsabilidad". El liderazgo no se trata de los cargos y títulos. No se trata de los reconocimientos y elogios que pueden acompañarlo tampoco. No se trata de los beneficios y las ventajas. En cambio, el liderazgo se trata de aceptar y asumir mayores responsabilidades.

Entonces, ¿qué impide que una persona avance a un mayor nivel de liderazgo? La respuesta es la inhabilidad de asumir mayores responsabilidades. El liderazgo tiene privilegios, pero esos privilegios conllevan serias obligaciones. Las responsabilidades de un líder incluyen ser un buen ejemplo, entrenar a otros, tener buena actitud ante toda situación, tener iniciativa, ofrecerse para cosas fuera de su ámbito, ser puntual, ser valiente, afirmar e inspirar a otros, ser de apoyo y sustento para otros líderes principales y dar lo mejor de sí.

CADA DÍA QUE TE PRESENTAS A HACER TU TRABAJO COMO LÍDER, APORTAS UN NIVEL MÁS DE RESPONSABILIDAD.

Cada día que te presentas a hacer tu trabajo como líder, aportas un nivel más de responsabilidad. Y adivina qué sucede: lo que siembras, eso cosecharás. Cuando eres fiel en tus responsabilidades, más te será dado, y más responsabilidad significa un nivel más alto de liderazgo. ¿Quieres llegar a un nivel más alto en tu liderazgo? Asume mayores responsabilidades y tu liderazgo consecuentemente subirá también. La responsabilidad significa liderazgo.

PARA REFLEXIONAR

Como líder, ¿cómo podrías asumir más responsabilidad esta semana? ¿Cuáles son los pasos prácticos que podrías tomar para ponerlo en práctica?

_____

_____

_____

_____

_____

_____

_____

_____

_____

_____

_____

_____

_____

_____

_____

_____

_____

_____

VOLUNTARIOS VERSUS RECLUTAS

LÍDERES: ¿LES HA PASADO alguna vez que cuando solicitan voluntarios, las personas inapropiadas son usualmente las que se ofrecen para ayudar? La gente que no sabe ser cortés se ofrece para servir como ujieres y dar la bienvenida a la gente. La gente que no sabe cantar bien quiere cantar en el grupo de alabanza. La gente que no aguanta a los niños quiere servir en la guardería. ¿Te puedes relacionar con esto?

Y luego tienes un mayor problema: ¿cómo remueves a un voluntario? Te encuentras estancado. La verdad es que las personas de "nivel A" son las que usualmente no se ofrecen como voluntarios. La gente de "nivel B o C" son las que se ofrecen, pero la gente de "nivel A" —la gente de alto rendimiento y equipada para servir— lo hará, pero solamente si se les pide que lo hagan; si son reclutados.

¿Cuál es la diferencia entre un voluntario y un recluta? Los voluntarios dicen, "¡Sí, yo te ayudo con esto!" Un recluta dice, "¿Me necesitas? ¡Cuenta conmigo!".

Lo que atrae a estas dos categorías de personas son diferentes motivos. Necesitas saber que, si le pides a la gente que navegue tu sitio web y se registre para servir, la gente de "nivel A" usualmente no lo harán de ese método; ellos esperan que se les pida servir. Ellos desean que una relación sea entablada con ellos.

JESÚS NUNCA SOLICITÓ VOLUNTARIOS; ÉL SIEMPRE LOS RECLUTÓ.

Otro factor son las diferencias generacionales. A las personas de la generación "Boomers" les agrada un compromiso a largo plazo. Los "Millennials" están igual de comprometidos a servir, pero por plazos más cortos. Tu forma de solicitar ayuda al decir, "Necesitamos ayuda con los jóvenes por los próximos cuatro meses" será recibida diferentemente, dependiendo de la edad del grupo al cual te diriges.

Las mejores personas en tu iglesia están esperando ser reclutadas. ¿Sabes quiénes son tus mejores personas? ¿Tienes una estrategia para reclutar? Una vez los hayas reclutado, ¿tienes una estrategia de cuidado y desarrollo? Y finalmente, ¿saben tus reclutas que su servicio y esfuerzo marcará una diferencia eterna?

Jesús nunca solicitó voluntarios; Él siempre los reclutó.

PARA REFLEXIONAR

¿Quiénes son tus personas de "nivel A"? ¿Cómo podrías modificar tus prácticas de reclutamiento para asegurarte de que reconozcas quiénes son, te comuniques con ellos efectivamente y los invites a unirse a tu ministerio?

_____

_____

_____

_____

_____

_____

_____

_____

_____

_____

_____

_____

_____

_____

_____

_____

_____

_____

día 25

CARGOS DE ALTO IMPACTO Y ALTO RIESGO

UANDO ENTRO A UNA oficina o iglesia, veo personas en el vestíbulo, veo personas en el estacionamiento; veo empleados, voluntarios, personas asignadas a las diferentes áreas. Estas son las personas que yo llamo personas de alto impacto y alto riesgo. Por ejemplo, la persona trabajando en el estacionamiento es una persona de alto impacto y alto riesgo; la manera en que ellos tratan a los visitantes tiene mucho peso para la organización.

Como ejecutivo, estás arriesgando mucho con ciertos empleados; personas como los ujieres, la recepcionista y los que reciben y dan la bienvenida a la gente. Te darás cuenta que los empleados que menos ganan, generalmente son los de mayor impacto y por ende los de alto riesgo.

Me sorprende que sean poco los líderes que hayan hecho la conexión en esto. No son conscientes del hecho que las personas que los representan —aquellos que hacen la primera impresión— son un alto riesgo. Muy a menudo, fallan en evaluar si ese riesgo vale la pena a la larga.

LOS EMPLEADOS QUE MENOS GANAN, GENERALMENTE SON LOS DE MAYOR IMPACTO Y POR ENDE LOS DE ALTO RIESGO.

He visto personas en el estacionamiento con mala actitud. He visto ujieres y personas del equipo de bienvenida que no saben ser cordiales y amigables. He visto personas en primera línea, que tienen el poder de la empresa en sus manos, más que cualquier otra persona, y tan fácilmente derrochan esa oportunidad.

Hoy quiero retarte a que tomes un inventario de las personas que son de alto impacto en tu organización, el nivel de riesgo que estás tomando con ellos y si es proporcional al resultado. Si una persona de alto impacto no vale la pena el riesgo, entonces necesitas tomar algunas decisiones difíciles. De lo contrario, tu alto impacto será negativo.

PARA REFLEXIONAR

¿Valen la pena el riesgo los miembros de alto impacto de tu equipo? ¿Están dejando una buena impresión? ¿Cómo lo sabes?

_____

_____

_____

_____

_____

_____

_____

_____

_____

_____

_____

_____

_____

_____

_____

_____

_____

_____

_____

_____

día 26

EL PRECIO DEL LIDERAZGO

N ELSON MANDELA PASÓ VEINTISIETE años en la Isla Robben cerca de la costa de Sudáfrica. Durante esos largos años, el rompió piedras, hizo trabajo arduo, fue abusado y no tuvo privilegios. El futuro de Mandela se veía desesperanzador. Pero luego, un día, el adquirió su libertad. Un día, salió de esa prisión y cambió el mundo.

Como líderes, debemos recordar que el liderazgo viene con un precio. Algunos de ustedes quizás estén atravesando esa temporada de refinamiento ahora mismo. Quizás tu pasión sea cambiar el mundo, pero estás enfrentado grandes dificultades. Quizás no tienes la menor idea de cómo el llamado de Dios se cumplirá en tu vida. Quizás te encuentras en la Isla Robben.

Al igual que Nelson Mandela, no dejes de esperar y prepararte— durante el quinto año, el decimoquinto año, el vigésimo quinto año—más allá de cómo te sientas, quiero que sepas que un mejor futuro vendrá. Dios está usando esta temporada, más allá de las pruebas, para prepararte para lo que se avecina. El Nelson Mandela que celebramos hoy no hubiese sido el mismo sin la Isla Robben. El trabajo que hagas para Dios requiere que le permitas que te toque, que te moldee, te refine y te prepare de antemano. Ese es el precio del liderazgo.

EL NELSON MANDELA QUE CELEBRAMOS HOY NO HUBIESE SIDO EL MISMO SIN LA ISLA ROBBEN.

Y un día, todo valdrá la pena. Dite a ti mismo, "Soy alguien que cambiará al mundo. No me daré por vencido; este es mi llamado y será maravilloso.". No te rindas. Mantente firme donde estás y prepárate para avanzar a un nuevo lugar, en el momento perfecto.".

PARA REFLEXIONAR

¿Has estado alguna vez en una temporada de tu vida o en una situación que se sentía como una prisión? ¿Cómo te da la historia de Nelson Mandela una nueva perspectiva de esa temporada o prueba y el proceso de espera?

_____

_____

_____

_____

_____

_____

_____

_____

_____

_____

_____

_____

_____

_____

_____

_____

_____

_____

día 27

EL PRIVILEGIO DE LA ANTIGÜEDAD

MUCHOS DE USTEDES SON líderes con antigüedad ahora mismo. Muchos de ustedes algún día serán líderes con antigüedad. Independientemente de dónde te encuentres en tu carrera, quiero compartir un par de cosas contigo sobre el privilegio de la antigüedad.

Los líderes con antigüedad tienen longevidad lo cual significa que tienen la responsabilidad, la necesidad, de mentorear a otros. Tu tarea no es solamente cumplir con tus responsabilidades o dar órdenes, más bien, tu llamado es llevar a las personas en un viaje. El privilegio de la antigüedad es que tienes la dicha de educar a otros, y compartir las lecciones y experiencias que tu has atravesado. ¿Recuerdas tus mentores y personas que te apoyaron? Ahora es tú turno.

Otra verdad clave sobre los líderes con antigüedad es su necesidad de permanecer humildes. Nunca confundas la antigüedad con la competencia. Cuando alguien dice, "Yo tengo 25 años de experiencia", eso no te dice si creció durante ese tiempo. Puede que haya repetido su primer año de experiencia 25 veces. La longevidad no significa competencia de liderazgo. Así que, nuevamente, es necesario que un líder con antigüedad permanezca humilde.

TU TAREA NO ES SOLAMENTE CUMPLIR CON TUS RESPONSABILIDADES O DAR ÓRDENES, MÁS BIEN, TU LLAMADO ES LLEVAR A LAS PERSONAS EN UN VIAJE.

Por último, es necesario que continuemos cambiando nuestras mentes. Puede que la opinión que tenías sobre algo en particular el año pasado ya no sea relevante o válida hoy, porque la información cambia continuamente. No estoy hablando de lo bueno, lo malo, el pecado y las verdades absolutas sino sobre cómo dirigir una organización. ¡Necesitas estar dispuesto a cambiar tu mente! Eso es un arte perdido en la sociedad de hoy en día.

Confía en los líderes bajo tu liderazgo. Alguien confió en ti en algún momento, así que, no acapares tu capital y responsabilidad: siempre confía en otros. Como un líder con antigüedad, asegúrate también de añadir valor a *tu* supervisor; demuéstrale tu apoyo. En pocas palabras, la antigüedad conlleva ciertos privilegios; procura aprovecharlos al máximo.

PARA REFLEXIONAR

Piensa en las personas bajo tu liderazgo. ¿Cómo podrías demostrarles que confías en ellos y llevarlos en un viaje? Piensa en tus supervisores con antigüedad. ¿Cómo podrías ayudarles a alcanzar el éxito?

EL PROPÓSITO DE UNA ESTRUCTURA ORGANIZATIVA

E N 2016 HICE UN viaje y tuve el privilegio de alojarme con unos anfitriones maravillosos en Ghana, África Occidental. Mis anfitriones me pusieron en una residencia llena de villas y me tocó quedarme en mi propia villa. Este viaje a Ghana me llevó a reflexionar sobre el propósito de las estructuras organizativas y el papel que cumplen en dirigirnos a nuestro destino final. Permíteme explicártelo mejor.

El propósito de una estructura organizativa es ayudarte a cumplir tu misión, la visión, de tu organización. Trabajes en una iglesia o en una empresa, la estructura te ayuda a alcanzar tu objetivo; tiene una función similar a los automóviles, trenes y aviones que me ayudaron llegar a Ghana. Cada uno de estos vehículos jugó un papel, pero ninguno de ellos podría hacer el trabajo independientemente. Mi objetivo no era el automóvil, el tren o el avión sino el destino final.

ESO ES LO QUE SUCEDE CUANDO COMIENZAS CON UNA ESTRUCTURA ORGANIZATIVA EN VEZ DE LA VISIÓN: ¡LIMITAS TU DESTINO!

Si yo hubiera insistido en un avión para llegar a mi destino, nunca hubiese llegado a mi villa. Eso es lo que sucede cuando comienzas con una estructura organizativa en vez de la visión: ¡Limitas tu destino! Sin embargo, una vez tengas un destino definido en tu mente, podrás decidir qué tipo de estructura organizativa puede llevarte allí.

Como consultor, recibo esta pregunta todo el tiempo: "Dr. Chand, ¿cuál es la mejor estructura para nuestra iglesia o empresa?". Yo estoy aquí para decirte que esta no es la pregunta correcta. La pregunta debería ser: "¿Cuál es nuestro destino? ¿Qué queremos lograr?". Una vez identifiques eso, puedes decidir cuál es la estructura que te ayudará a llegar a tu destino.

No pongas el carro antes del caballo; permite que el caballo guíe al carro. Y así tendrás un buen viaje.

PARA REFLEXIONAR

Antes de que decidas qué tipo de estructura organizativa necesitas, es esencial que tengas una visión clara de tu objetivo y destino. En las líneas de abajo, detalla tu visión: ¿Cómo se ve? ¿Cómo sabrás cuando hayas llegado?

_____

_____

_____

_____

_____

_____

_____

_____

_____

_____

_____

_____

_____

_____

_____

_____

_____

SOBRE ENTRENADOS Y SUBDESARROLLADOS

E L DESARROLLO Y EL entrenamiento son dos cosas muy diferentes. La mayoría de las organizaciones están sobre entrenadas y subdesarrolladas. ¿Cuál es la diferencia? Me alegro que lo preguntes.

El entrenamiento se enfoca en una tarea, en algo que haces. El desarrollo se enfoca en la persona; se centra más en comprender el impacto y el resultado de tu trabajo. Muchas personas son entrenadas, pero nunca son desarrolladas por sus líderes. El entrenamiento simplemente te dice, "Esto es lo que necesitas hacer." Pero el desarrollo nos dice por qué estamos allí para empezar.

Ahora, la pregunta es, ¿cómo se da el desarrollo? El desarrollo se da cuando invertimos tiempo en las personas. Para mi, el desarrollo es el lado suave del liderazgo, mientras que el entrenamiento es el lado duro del liderazgo. El entrenamiento es fácil; el desarrollo es difícil, porque requiere mentoreo y un entrenamiento personal.

Todos conocemos personas que saben cumplir con su trabajo o las tareas asignadas, pero en el proceso fallan en respetar a otros —son poco considerados, son irrespetuosos— y como líder, eres tú quien tiene que lidiar con la situación y resolverla.

EL ENTRENAMIENTO SIMPLEMENTE TE DICE, "ESTO ES LO QUE NECESITAS HACER." PERO EL DESARROLLO NOS DICE POR QUÉ ESTAMOS ALLÍ PARA EMPEZAR.

¿Sabes por qué sucede esto? Porque dichas personas están sobreentrenadas y subdesarrolladas. Sin embargo, cuando encuentras una persona confiable y quien refleje quién eres tú, es allí cuando tienes una persona desarrollada *y también* entrenada. No es "uno o el otro" sino "ambos y". Necesitas asegurarte que tu gente sea desarrollada y también entrenada.

PARA REFLEXIONAR

¿A qué se debe el hecho que la mayoría de los líderes no toman las medidas necesarias para desarrollar a su personal? ¿Cómo podrías reestructurar el proceso de desarrollo para tu equipo, de manera que te entusiasmes y también animes a los demás líderes a desarrollar a las personas bajo su liderazgo?

_____

_____

_____

_____

_____

_____

_____

_____

_____

_____

_____

_____

_____

_____

_____

_____

día 30

LÍDERES FUNCIONALES VERSUS LÍDERES ORGANIZATIVOS

PIENSA EN LAS TRANSICIONES que te han traído aquí hoy. Según mi experiencia, hay dos etapas que todo líder atraviesa. Comenzamos en un lugar y, a medida que maduramos, entramos en otra etapa. Permíteme compartirte cuáles son estas dos etapas del liderazgo.

Toda persona comienza como un líder funcional. Si su trayecto conduce al camino correcto, esa persona termina siendo un líder organizativo. La primera etapa se basa en nuestra función según los proyectos que nos son asignados. Cuando cumples con tu trabajo y funcionas productivamente, alguien eventualmente lo nota y dice, "¿Sabes qué? Esa persona es un buen líder funcional; quizás podría ser un líder organizativo también; quizás tenga la habilidad de dirigir a otros.".

Esta transición suena simple, pero es aquí donde uno enfrenta los mayores desafíos del liderazgo.

MUCHOS LÍDERES FUNCIONALES HAN SIDO ARRUINADOS POR EL SIMPLE HECHO DE QUE ALGUIEN PENSÓ QUE SERÍAN BUENOS LÍDERES ORGANIZATIVOS.

El cambio de ser un líder funcional a ser un líder organizativo es un cambio muy importante. En gran parte, se debe a que (en el liderazgo funcional) las *cosas* no tienen voz para responderte; pero (en el liderazgo organizativo) las *personas* sí. Las *cosas* no tienen opiniones, actitudes y deseos; las personas sí. Consecuentemente, es un hemisferio completamente diferente y la transición a tal etapa es el desafío más grande que los líderes enfrentan.

Antes de cambiar a alguien de líder funcional a ser un líder organizativo, piénsalo bien. ¿Cómo trata a otros? ¿Cómo reacciona y maneja el conflicto? ¿Es una persona disciplinada? ¿Es una persona con iniciativa? ¿Sabe comunicarse efectivamente? ¿Es una persona consciente?

Muchos líderes funcionales han sido arruinados por el simple hecho de que alguien pensó que serían buenos líderes organizativos. El hecho de que alguien se destaque en un hemisferio no significa que tendrá el mismo éxito en otro.

PARA REFLEXIONAR

¿Qué pasos necesita uno tomar para ayudar a alguien a hacer la transición de líder funcional a líder organizativo? Si a una persona le cuesta mucho adaptarse a los pasos establecidos, ¿crees que sería mejor mantener a esa persona sirviendo en un rol de liderazgo funcional?

_____

_____

_____

_____

_____

_____

_____

_____

_____

_____

_____

_____

_____

_____

_____

_____

_____

día 31

3 COSAS QUE NECESITAS SABER SOBRE LA CONTRATACIÓN

L A CONTRATACIÓN NO ES tan simple como decir, "¿Cómo asignamos a las personas en el puesto correcto?". Es un arte y una ciencia y necesitamos tres elementos clave en el proceso de contratación.

Necesidad. Muchas veces, las personas prefieren contratar por la necesidad de llenar un espacio o puesto vacío. El problema con esta estrategia es que también se necesita un motivo legítimo para contratar a un miembro del personal remunerado. Piénsalo así: si en vez consiguieras un voluntario para llenar ese espacio o puesto, no necesitarías pagarle.

Así que, hay que comenzar por preguntarse, "¿Tenemos una necesidad? ¿Es una necesidad legítima? ¿Es una necesidad pasada o futura? ¿Quién puede llenar ese espacio? ¿Puede un voluntario hacer el trabajo tan bien como una persona remunerada?

Un perfil preferido. Necesitas saber qué tipo de persona sabrá cumplir con los requisitos. Un perfil preferido puede incluir la demografía, experiencia, educación, disponibilidad y otros factores. Al establecer dichos criterios, podrás determinar si las personas entrevistadas poseen la habilidad de cumplirlos. En las organizaciones de hoy en día, la contratación de personas suele comenzar con una persona. Esta es la peor manera porque te impide comenzar con la necesidad y poder asesorar verdaderamente qué tipo de persona necesitas para el cargo.

COMIENZA CON UNA NECESIDAD, DESARROLLA TU PERFIL PREFERIDO, Y HUMANIZA EL PROCESO DE INTEGRACIÓN.

Proceso de integración. Esto va más allá de los recursos humanos, las pólizas y procedimientos; esto se trata de integrar a la gente a tu cultura y ayudarles a entender tu ADN. Necesitas introducir a las personas nuevas al equipo para que puedan dar sus primeros pasos y conectarse. Si no los integras apropiadamente, la longevidad, la moral, la competencia y la expectativa serán perjudicadas.

En pocas palabras, comienza con una necesidad, desarrolla tu perfil preferido, y humaniza el proceso de integración. Estos tres pasos te ayudarán a lograr un proceso de contratación efectivo.

PARA REFLEXIONAR

En el proceso de contratación actualmente utilizado por tu organización, ¿sueles comenzar por la persona o tu necesidad? Explica tu respuesta.

_____

_____

_____

_____

_____

_____

_____

_____

_____

_____

_____

_____

_____

_____

_____

_____

_____

_____

_____

dia 32

LO QUE NO PUEDES DELEGAR

DELEGAR ES UNA PALABRA casualmente usada en el ámbito organizativo. Delegar es decidir quién puede ayudar con algo. Existe una diferencia entre desechar y delegar; desechar es cuando asignas algo a una persona porque tú no quieres hacerlo. Probablemente conozcas bien como se siente estar en el otro extremo receptor. En cambio, delegar es ceder una responsabilidad respetuosamente a alguien que puede hacer el trabajo mejor que tú.

Solemos ver la delegación como la clave a una organización exitosa. Aunque es algo necesario y beneficioso, hay ciertas responsabilidades en el liderazgo que simplemente no puedes delegar. Por ejemplo, el pastor principal de una iglesia no puede delegar la definición de la visión; Él es la persona principal que necesita establecer la visión y el trayecto para la organización.

Tampoco puede delegar responsabilidades ejecutivas y ciertas decisiones que toma diariamente. Estas son las cosas por las cuales él es responsable debido a su rol y cargo.

CUANDO LAS PERSONAS TIENEN EN CLARO QUÉ PUEDEN Y QUÉ NO DEBEN DELEGAR A OTROS, HABRÁ MENOS CONFUSIÓN, FRUSTRACIÓN, RESENTIMIENTO Y CONFLICTO ENTRE LOS MIEMBROS DEL EQUIPO.

Aunque no seas un líder ejecutivo, tienes responsabilidades y tareas que forman parte de tu especialidad. Hay cosas que no puedes o debes delegar. Reconocer esto no solamente te beneficiará a ti, sino que también beneficiará tus relaciones laborales. Cuando las personas tienen en claro qué pueden y qué no deben delegar a otros, habrá menos confusión, frustración, resentimiento y conflicto entre los miembros del equipo.

La lista de lo que puedes delegar es larga y necesita estar en algún lugar visible y accesible. Sin embargo, también necesitas hacer una lista de las responsabilidades críticas que no puedes delegar. Aprópiate de esas cosas. Comprométete con cumplirlas. ¡Haz esa lista hoy! ¿Qué es lo que nunca podrás delegar en tu puesto de liderazgo?

PARA REFLEXIONAR

Piensa en tu puesto y las responsabilidades asociadas. ¿Cuáles son las tareas y responsabilidades que son únicamente tuyas? ¿Cuáles responsabilidades no puedes delegar o pasar a otra persona?

_____

_____

_____

_____

_____

_____

_____

_____

_____

_____

_____

_____

_____

_____

_____

_____

_____

día 33

SEGMENTA TU LIDERAZGO

QUÉ HIZO QUE Jesús fuera el líder más exitoso que haya pisado la tierra? En realidad, hay muchas respuestas a esa pregunta; una de las más importantes fue el hecho que él sabía que la segmentación del liderazgo es muy importante.

Piensa en la estructura que él entabló en su liderazgo, su manera de relacionarse con otros. Jesús tenía multitudes, los 70, los 12 y los 3. Cada uno de estos cuatro grupos tenían diferentes funciones. Los tres discípulos lo ayudaban a pensar. Los doce discípulos le ayudaban a organizarse. Los setenta discípulos le ayudaban a hacer cosas. Las multitudes servían para las relaciones públicas. ¿Por qué se llevaba Jesús a los tres en los momentos más íntimos de su vida? Porque esos tres estaban en un nivel diferente del resto de sus seguidores.

Nuestro desafío, como líderes, es que solemos pensar que somos todos iguales. Aunque es cierto que en los ojos de Dios somos todos iguales, también podemos deducir de la parábola de los talentos que diferentes personas tienen diferentes dones y capacidades.

JESÚS TENÍA MULTITUDES, LOS 70, LOS 12 Y LOS 3. CADA UNO DE ESTOS CUATRO GRUPOS TENÍAN DIFERENTES FUNCIONES.

Si asignas a los pensadores cosas para organizar, se les hará difícil cumplir la tarea. Si asignas a tus pensadores cosas para hacer, nada se llevará a cabo. Cada persona en tu equipo tiene una habilidad y un llamado diferente. Una vez que entiendas eso, podrás segmentar a las personas que lideras, como lo hizo Jesús, y asignarles las responsabilidades y los espacios apropiados.

Cuando esto suceda, estarás creando un margen para que la gente pueda desarrollarse y crecer en donde están. Una persona que se identifica más con *hacer* podrá hacer la transición a ser un organizador; un organizador se desarrollará para ser un pensador.

No se trata de los números en cada categoría; se trata de entender que las personas en tu equipo no son todas iguales. Nunca trates a todos por igual; sino, en cambio, trata a todos justamente. Las capacidades y dones de las personas bajo tu liderazgo son más evidentes cuando has entendido que necesitas segmentar tu liderazgo.

PARA REFLEXIONAR

Jesús tuvo cuatro grupos principales de seguidores, cada uno con la responsabilidad y un don específico. ¿Cuántos grupos de personas tienes bajo tu liderazgo? Haz una lista de las personas que están en cada uno de tus grupos y las características que cada grupo comparte.

_____

_____

_____

_____

_____

_____

_____

_____

_____

_____

_____

_____

_____

_____

_____

_____

_____

_____

DIRIGIENDO A OTROS HACIA LO DESCONOCIDO

QUIZÁS HAYAS ESCUCHADO el refrán que dice, "No puedes guiar a otros a donde tú nunca has ido." Esto suena lógico; sin embargo, he descubierto que este refrán no es cierto. Todo líder, ya sea un líder espiritual, político o social, ha dirigido a otras personas a lugares que nunca han ido. De hecho, ¡el liderazgo lo requiere! Permíteme explicártelo.

Piensa por un momento en los líderes más prominentes de la sociedad. Lo más probable es que no tengan mucha experiencia sirviendo en ese cargo. Podría incluso aducirse que su rol requiere que asuman nuevas responsabilidades y desconocidas que conducen a nuevo territorio. El presidente de cualquier nación nunca antes ha sido presidente. El pastor de una mega iglesia nunca antes ha sido pastor toda su vida. Un doctor que salva vidas necesita entrenar y practicar hasta llegar a su primer día oficial de trabajo médico.

El liderazgo se trata de abarcar nuevo territorio. Un verdadero líder no guía a la gente solamente a los lugares que ya conoce; sino guía a la gente a lo nuevo. En este tipo de entorno, la certeza desvanece y la incertidumbre abunda.

EL MAYOR NIVEL DE LIDERAZGO ES SABER LIDERAR EN MEDIO DE LA AMBIGÜEDAD. AL FIN Y AL CABO, CÓMO GUÍAS A LAS PERSONAS CUANDO TE SIENTES INCIERTO EVIDENCIA TUS APTITUDES DE LIDERAZGO.

El mayor nivel de liderazgo es saber liderar en medio de la ambigüedad. Al fin y al cabo, cómo guías a las personas cuando te sientes incierto evidencia tus aptitudes de liderazgo: tu forma de pensar, tu manera de motivar a otros, tu sustentabilidad interna, tu disposición para considerar tus opciones, y tu voluntad de reunir un equipo a tu alrededor.

Todo esto incide cuando te das cuenta que estás llevando a las personas a un lugar que tu nunca has conocido. Así que, ¿qué nuevos territorios te estás aventurando a explorar? ¿Quién se unirá a ti en esta aventura?

PARA REFLEXIONAR

En tu liderazgo, ¿a qué territorio desconocido estás guiando a las personas? Seas líder de un negocio, iglesia, organización sin fines de lucro, o tu familia, estás entrando en territorio desconocido y ¡eso es algo bueno!

_____

_____

_____

_____

_____

_____

_____

_____

_____

_____

_____

_____

_____

_____

_____

_____

_____

_____

día 35

TOMANDO AL PERSONAL POR SENTADO

UNO DE LOS MÁS grandes desafíos para todo líder hoy en día es expresar su apreciación por los miembros de su equipo. El tiempo y la energía fácilmente se nos escapan, las responsabilidades abundan, y las personas bajo nuestro liderazgo tienen sus propias tareas también. A medida que pasan los días, se nos empieza a hacer más fácil tomar a nucstro personal por sentado.

Tengas un equipo remunerado o un equipo de voluntarios, tarde of temprano tendrás que enfrentar este desafío. La complacencia y la falta de memoria pueden causar que nuestro equipo no se sienta apreciado como desearíamos. Cuando esto sucede, necesitamos recordar algo clave: nuestro éxito, futuro y todas las posibilidades que nos esperan por delante no dependen de nosotros sino de nuestro equipo.

Nadie alcanza el éxito por su propia cuenta; se necesita de un equipo para alcanzar grandes logros. Es por eso que son las personas que sostienen tu escalera quienes determinan cuán exitoso serás. Si están equipados, preparados y son apreciados, te ayudarán a llegar más lejos. Si los tomas por sentado, se agotarán y te perjudicarán.

PUEDES LOGRAR GRANDES AVANCES, PERO ES TU EQUIPO QUIEN ELABORARÁ TODO EL TRABAJO.

Líder, siempre recuerda esto al comenzar cada semana: puedes lograr grandes avances, pero es tu equipo quien elaborará todo el trabajo. Son ellos quienes presentarán y realizarán tu visión en el mundo; son ellos quienes tendrán que tomar riesgos. Son personas con sentimientos y pensamientos propios.

No puedes tomar a ninguno de ellos por sentado. Las personas son inteligentes; puedes discernir cuando son honradas, incluidas o respetadas. También pueden discernir cuando te olvidas de ellas, cuando no las reconoces y no tienes interés alguno en sus vidas. Nadie desea ser tomado por sentado; ni siquiera tu.

PARA REFLEXIONAR

Piensa en las personas de tu equipo y los dones, contribuciones y preferencias que hace a cada persona especial. Piensa en cómo podrías expresarles tu apreciación de varias maneras. Sé lo más específico posible.

_____

_____

_____

_____

_____

_____

_____

_____

_____

_____

_____

_____

_____

_____

_____

_____

_____

_____

_____

APROVECHARSE DE LAS PERSONAS QUE CONFÍAN EN TI

ALGUNA VEZ TE HAS sentido traicionado por una persona en quien confiabas? Duele, ¿verdad? No solo te mintió, sino que se aprovechó de tu confianza. Quizás te preguntes cuánto tiempo lleva esa persona aprovechándose de ti y cómo no te diste cuenta antes.

Estos casos son recordatorios dolorosos de que nunca debemos aprovecharnos de la confianza de una persona. ¿Cómo garantizar que nunca hagas algo así? Las consecuencias no te afectan a ti solamente. Cuanto más alto subes, más grande será el efecto de tus decisiones en las personas bajo tu liderazgo.

Tus decisiones personales tendrán mayores consecuencias que las decisiones profesionales que tomes. Piénsalo así: si tomas una mala decisión profesional, ¿qué sucede? Pierdes dinero, impulso, conexiones o tu reputación es perjudicada. Por otro lado, ¿qué sucede si tomas una mala decisión personal? (Seguramente has visto este tipo de casos en las noticias). Pierdes la única moneda que tienes: la confianza. Y tu legado, y el legado de tus conexiones, puede ser completamente destruido.

PROCURA QUE TU VIDA PERSONAL Y TU VIDA PROFESIONAL COINCIDAN. ES ASÍ COMO PROTEGERÁS TU LEGADO.

Es importante que entiendas el peso de tus decisiones. Nunca te aproveches de la confianza de otra persona. Procura que tu vida personal y tu vida profesional coincidan. Es así como protegerás tu legado.

PARA REFLEXIONAR

Piensa en las repercusiones personales y profesionales que puede tener el aprovecharse de la confianza de una persona. ¿Puedes pensar en alguna persona en tu vida, o en las noticias, que se haya aprovechado de alguien y haya sufrido grandes consecuencias a causa de ello?

_____

_____

_____

_____

_____

_____

_____

_____

_____

_____

_____

_____

_____

_____

_____

_____

_____

_____

día 37

CÓMO CONSERVAR LÍDERES DURANTE MUCHO TIEMPO

TODOS QUEREMOS CONSERVAR a nuestros líderes durante mucho tiempo. Independientemente de lo que otros sugieran, no es el dinero, el título, el puesto u otros incentivos que puedas ofrecerles; la manera en que conservas líderes durante mucho tiempo es expresarles un interés genuino en su persona. Quizás te parezca una solución simple, pero considerémoslo por un momento.

¿Cuál es la clave a la satisfacción de los miembros de tu equipo? No es el sueldo, aunque es un incentivo; es un entorno de trabajo seguro y saludable. Si una persona no se siente apreciada, no siente tu interés genuino en su vida, no se sentirá motivada a quedarse, no importa qué otros incentivos pueda haber.

Por otra parte, siempre y cuando tus líderes sepan que estás genuinamente interesado en ellos y en sus vidas, más allá de lo que hacen, te seguirán a donde vayas. Descubrirás que demostrar un interés genuino en tus líderes te ayudará a conservarlos de forma más efectiva; más que cualquier otra cosa.

DESCUBRIRÁS QUE DEMOSTRAR UN INTERÉS GENUINO EN TUS LÍDERES TE AYUDARÁ A CONSERVARLOS DE FORMA MÁS EFECTIVA; MÁS QUE CUALQUIER OTRA COSA.

Históricamente, los mejores generales, figuras políticas y otros líderes, exhibieron su sabiduría en que construyeron equipos de personas dispuestas a rendir sus propias vidas. ¿Por qué eran dichos equipos tan leales? No se debía solamente a la causa por la cual peleaban, sino a que sabían que sus líderes creían en ellos y se interesaban genuinamente en ellos.

Esta pregunta es para los líderes: ¿Cómo demuestras tu interés genuino y personal por tu equipo? Y esta es la razón por la cual necesitas hacerlo: Toda rotación o cambio de liderazgo en tu organización te causará pérdidas en tu cuota de mercado, equidad en tu liderazgo, gastos de integración, tiempo, energía, dinero y recursos. Como verás, es por tu propio interés que debes conservar líderes. Y solo podrás lograrlo de una manera: interesarte personalmente y genuinamente en ellos como seres humanos.

PARA REFLEXIONAR

¿De qué manera práctica demuestras tu interés por tus líderes? ¿Cuánto o qué te costará no hacerlo?

AMENAZADO POR NUEVOS LÍDERES

U N GRAN DESAFÍO QUE enfrentamos hoy en el ámbito empresarial y eclesiástico es la disonancia entre los nuevos líderes y los líderes existentes.

Los líderes existentes, si no tienen cuidado, comienzan a jugar para no perder, en vez de jugar para ganar. Se ponen a la defensiva y posesivos de sus puestos y de su equidad en el liderazgo; se ponen celosos de los nuevos líderes y no quieren compartir ni invertir en ellos; se les hace fácil notar sus defectos y su crecimiento es demasiado repentino comparado a su propio trayecto al liderazgo.

Por otra parte, los nuevos líderes juegan para ganar. Ellos están emocionados, apasionados y ansiosos por progresar. Ellos no luchan con las memorias de fracasos pasados y para ellos, crecer y subir más alto en el liderazgo no tiene que necesariamente tomar años o décadas.

Esta dicotomía crea dos mentalidades completamente diferentes, dos sistemas de valores muy diferentes. Este es uno de los mayores desafíos que los líderes *principales* enfrentan. Si estás dirigiendo una organización y no tienes este desafío, es probable que tengas una organización satisfecha, lo cual significa que no tienes líderes infiltrándose y creando conflicto.

TIENES QUE PREPARAR A LOS LÍDERES EXISTENTES PARA RECIBIR A LOS NUEVOS LÍDERES. TAMBIÉN DEBES PREPARAR A TU ORGANIZACIÓN PARA RECIBIR A LOS NUEVOS LÍDERES.

Una vez que reconozcas que esta tensión existe, tienes que preparar a los líderes existentes para recibir a los nuevos líderes. También debes preparar a tu organización para recibir a los nuevos líderes. Enfócate en tus líderes existentes, ponlos al día, prepáralos de manera que reciban a los nuevos líderes con respeto, honor y brazos abiertos.

PARA REFLEXIONAR

¿Cómo podrías demostrar a tus líderes existentes que reconoces y aprecias sus años de trabajo y pasión? Al mismo tiempo, ¿cómo podrías implementar nuevas prácticas que animen y validen a los nuevos líderes?

_____

_____

_____

_____

_____

_____

_____

_____

_____

_____

_____

_____

_____

_____

_____

_____

_____

_____

_____

PARTE IV:
CULTURA

NO HAGAS LO TUYO

OMO CONFERENCISTA QUE viaja por el mundo, me toca visitar todo tipo de ambientes y culturas. Cada invitación que he recibido proviene de una persona apasionada y con una visión única para su evento. He aquí algunos consejos de cómo comportarte cuando eres invitado a dar una conferencia o charla en algún lugar fuera de tu entorno usual.

Ya sea que tengas una fecha en tu calendario, estés pensando en dar alguna charla, o estés simplemente orando y pidiendo a Dios que ordene tus próximos pasos, es importante respetar el programa de la persona que te invitó. Cuando viajas a un evento ajeno, es inevitable que haya una misión o visión diferente a la tuya. Ese evento fue creado por un propósito y tu fuiste invitado por un propósito, lo cual es un honor. Necesitas asegurarte de que tu motivo y propósito se alinee con el anfitrión o la organización que te invitó.

Después de todo, ellos no te invitaron para que hagas lo tuyo sino para que hagas lo suyo. Espiritualmente, necesitas posicionarte bajo su cobertura. En pocas palabras, haz lo que ellos te piden que hagas. Permanece dentro de los parámetros que ellos establezcan, ya sea un tiempo límite, el tema, o cualquier otro requisito.

UNA VEZ QUE ENTIENDAS QUE NO SE TRATA DE TI, ENTENDERÁS QUE TU MAYOR UNCIÓN, AL VIAJAR Y DAR CHARLAS, ES CONTRIBUIR AL ÉXITO DE LAS PERSONAS QUE TE INVITARON.

Esto está relacionado con la idea de quién sostiene la escalera. Cada líder tiene personas que sostienen su escalera. Como un conferencista que viaja por el mundo, tu llamado en parte es ayudar a sostener la escalera de las personas a cargo del evento o la organización. Una vez que entiendas que no se trata de ti, entenderás que tu mayor unción, al viajar y dar charlas, es contribuir al éxito de las personas que te invitaron. Haz exactamente eso y verás que te invitarán otra vez.

PARA REFLEXIONAR

Si eres conferencista y eres invitado a predicar o dar talleres, piensa en algunas preguntas que podrías hacerles a las personas que te extienden la invitación. ¿Cómo podrías aclarar su visión lo mejor posible para asegurarte que tu participación sea de apoyo en su evento?

_____

_____

_____

_____

_____

_____

_____

_____

_____

_____

_____

_____

_____

_____

_____

_____

_____

ASÍ ES COMO HACEMOS LAS COSAS AQUÍ

TODO LUGAR TIENE UNA cultura. Tu hogar tiene una cultura. Tu lugar de trabajo tiene una cultura. El restaurante que frecuentas tiene una cultura. Una estación de autobús tiene una cultura. Cada ciudad tiene una cultura. Cada nación tiene una cultura.

Quiero hablarte sobre la cultura de tu organización. ¿Puedo darte la definición de la palabra cultura? En pocas palabras, la cultura dice, "Así es como hacemos las cosas aquí." Es básicamente eso.

En mi libro *Cracking Your Church's Culture Code* [Descifrando el código de la cultura de tu iglesia] presento los 7 elementos que forman la cultura y cada uno es fundamental así que presta atención a cada uno de ellos.

Control: ¿Quién tiene verdaderamente el control de tu organización?

Entendimiento: ¿Entiende la gente el *por qué* de tu existencia? ¿Cuál es el *por qué* detrás de tu *qué*?

Liderazgo: ¿Cómo son los líderes promovidos, desarrollados e instalados en tu organización?

Confianza: Esto es central porque es lo más importante. Todo se mueve a la velocidad de la confianza.

Libre de temor: Cuando tienes una cultura libre de temor, tendrás autenticidad, transparencia y creatividad.

Ejecución: ¿Se están llevando a cabo las cosas?

TODO LUGAR TIENE UNA CULTURA. TU HOGAR TIENE UNA CULTURA. TU LUGAR DE TRABAJO TIENE UNA CULTURA. EL RESTAURANTE QUE FRECUENTAS TIENE UNA CULTURA.

¿Cuál es la cultura de tu hogar? La cultura es más fuerte que la visión. Muchas personas se enfocan en la visión y pasan por alto la cultura. Sin embargo, como insisto en mi libro, "Una cultura tóxica se comerá a la visión para el almuerzo."

PARA REFLEXIONAR

¿Cuál de los 7 elementos posees y dominas bien? ¿En cuál de los 7 elementos necesitas trabajar e incorporar en tu organización?

_____

_____

_____

_____

_____

_____

_____

_____

_____

_____

_____

_____

_____

_____

_____

_____

_____

_____

LA PRIMACÍA DE LAS RELACIONES

ALGUNA VEZ TE HICISTE la pregunta: "¿Cómo llegué aquí?".

Tu mente quizás responda: "Bueno, fui a la universidad, estudié para esto, entregué mi aplicación, y pasé por el proceso". Pero tengo que informarte que esas razones no explican cómo llegaste a donde estás hoy. Hay una sola razón por la cual estás haciendo lo que haces: las relaciones.

Tú y yo somos producto de una serie de relaciones. Una persona te presentó a otra persona, quien te presentó a la siguiente persona y tú cargas todas esas relaciones contigo a donde sea que vayas. Entonces, si entendemos que somos el producto de nuestras relaciones, de todas las personas que nos han conducido a donde estamos hoy, ¿por qué nos ocupamos tanto al punto que no invertimos en las relaciones?

Hay relaciones pendientes a tu alrededor en este momento. Aquí tienes otra pregunta: ¿Qué estás haciendo para incrementar tu capital social y relacional?

¿Quiénes son las personas con quien necesitas comunicarte? Tu competencia puede ser grandiosa, pero las relaciones harán que tu competencia sea notada por alguien más.

LAS RELACIONES GENUINAS, AUTÉNTICAS, TRANSPARENTES, CONFIABLES SON LAS QUE TE HAN TRAÍDO HASTA AQUÍ Y SERÁN ESAS MISMAS QUE TE LLEVARÁN A DONDE QUIERES LLEGAR.

Comprométete a hacer una lista de las personas a quienes podrías contactar este año. Incrementa tu capital relacional. Cultívalo intencionalmente. Añade valor a la vida de alguien. Las relaciones genuinas, auténticas, transparentes, confiables son las que te han traído hasta aquí y serán esas mismas las que te llevarán a donde quieres llegar.

PARA REFLEXIONAR

¿Hay alguien a quien necesites darle las gracias por ayudarte a llegar a donde estás hoy? Haz una lista de esas personas. Haz otra lista de las personas a quienes te gustaría contactar y con quien te gustaría conectarte.

día 42

LA IMPORTANCIA DE LA ALINEACIÓN

H AY TRES COSAS QUE necesitas alinear antes de poder avanzar en tu organización. Antes de explorar estas tres cosas, examinemos lo que produce la falta de alineación en tu organización.

¿Alguna vez has conducido un auto que tuviera una rueda fuera de alineamiento? Cuando esto sucede, tienes que pelear para mantener el auto bajo control y asegurarte que no te estrelles contra otro auto. Tus manos tiemblan y tus hombros duelen. Tienes cuatro ruedas y solamente una está desalineada, pero, de todos modos, tienes que esforzarte para mantener el auto en tu carril. Este cuadro nos demuestra la importancia de la alineación en una organización.

Lo primero que necesitas alinear en tu organización es la gente. A menos que le aciertes al "quién", el "qué" no es relevante. En mi libro *¿Quién sostiene tu escalera?*, hablo sobre la primacía de tener a las personas adecuadas. Cuando Jesús estaba en este planeta, lo principal que hacía era reclutar a las personas adecuadas para formar su equipo. La alineación de personas es fundamental para tu dirección y objetivo. No puedes elegir a cualquier persona. Es mejor tener una vacante que tener a la persona incorrecta, porque una vacante puede no perjudicarte; la persona incorrecta si puede perjudicarte.

Lo segundo que necesitas alinear es tu propósito. Tu propósito es tu "por qué". A menos que las personas alineen su "por qué" al tuyo, nunca podrán brindarte la energía que esperas y necesitas.

NECESITAS ASEGURARTE QUE TU GENTE, TU PROPÓSITO Y TUS PROCESOS ESTÉN ALINEADOS.

Y finalmente, necesitas alinear tus procesos; en otras palabras, tu "cómo". No todos los procesos trabajan por igual para todos y en toda situación. Necesitas asegurarte que tu gente, tu propósito y tus procesos estén alineados. A menos que tu "cómo" sea ejecutado apropiadamente, cada paso hacia adelante será laborioso y lento para tu organización.

Cuando las 3 cosas están en perfecta alineación, podrás conducir tu auto fácilmente y tu rol de liderazgo será también más manejable.

PARA REFLEXIONAR

Reflexiona brevemente en cómo está la alineación entre tu gente, tu propósito y tus procesos. ¿Están las ruedas de tu auto trabajando juntas para ayudarte a avanzar hacia adelante? ¿Cómo podría mejorar tu alineación?

_____

_____

_____

_____

_____

_____

_____

_____

_____

_____

_____

_____

_____

_____

_____

_____

_____

día 43

4 TIPOS DE PERSONAS

TIENES ALGUNA PERSONA EN tu equipo que continuamente no cumple lo prometido o estipulado? ¿Te encuentras frustrado debido a que los miembros de tu equipo no cumplen con tus expectativas?

El siguiente principio es la clave para atravesar este tipo de cuestión: tenemos que entender que no todas las personas tienen los mismos dones, talentos, competencia y capacidad. Hay cuatro tipos de personas en una organización. Explorémoslos juntos:

Errantes. Estas personas nunca logran "comprender". Puedes invertir en ellos, mostrarles videos y hasta invitarlos a conferencias, pero no hará una diferencia. Puede que sean personas buenas que conocen a Dios, pero simplemente no tienen la habilidad de ponerse al nivel de tu organización.

Seguidores. Estas personas reconocen o ven lo establecido, pero no van tras ello por si mismos. Puedes decirles que organicen sillas o que limpien salones y ellos lo harán; sin embargo, no toman la iniciativa por si mismos de hacer dichas cosas. Ellos no van tras la visión por su propia cuenta.

Triunfadores. Estas personas reconocen y ven la visión y van tras ella. Este tiende a ser el tipo de personas que preferimos: alguien que puede cumplir lo prometido. Sin embargo, existe una gran diferencia entre los triunfadores y los líderes.

LOS LÍDERES HACEN TRES COSAS MUY BIEN: VEN LA VISIÓN, VAN TRAS ELLA, Y AYUDAN A OTROS A VERLA TAMBIÉN.

Líderes. Los líderes hacen tres cosas muy bien: ven la visión, van tras ella, y aquí está la diferencia principal, ayudan a otros a verla también. Ellos saben; ellos crecen; ellos muestran e instruyen a otros.

Una vez que entendamos estas cuatro categorías, podremos ponernos al nivel de las personas y aceptar lo que ellos son capaces de contribuir en cualquier momento dado. Esto te librará de cualquier frustración y angustia, y mejorará tu relación con las personas que te rodean.

PARA REFLEXIONAR

Piensa en las personas en tu organización. ¿Te has equivocado al clasificar a una persona como líder cuando en realidad es un errante? ¿o viceversa? ¿Cómo puede una clasificación errónea generar frustración?

_____

_____

_____

_____

_____

_____

_____

_____

_____

_____

_____

_____

_____

_____

_____

_____

_____

_____

día 44

JUGANDO PARA NO PERDER

C UÁL ES LA DIFERENCIA entre un equipo que juega para ganar y un equipo que juega para no perder?

Primeramente, está la razón obvia de que, si estás jugando para no perder, estás arriba del marcador. Estás ganando. Es allí donde los equipos se ponen complacientes, ¿verdad? Se ponen a la defensiva en el esfuerzo de proteger lo que supuestamente es suyo. Sin embargo, hemos visto demasiados partidos dar un giro inesperado que deja al equipo que jugaba para no perder decepcionado y en shock.

Jugar para no perder te roba la innovación, la audacia y el riesgo; te conformas y no te aventuras a lugares que nunca antes has conocido porque lo que ha funcionado para ti en el pasado pareciera ser adecuado para el presente.

Sin embargo, los equipos que juegan para ganar no se enfocan solamente en el marcador. En realidad, ellos juegan para ganar contra si mismos —contra el equipo que eran en el partido pasado—. Se arriesgan constantemente, procuran mejorarse constantemente, e innovan constantemente. Los equipos como estos honran y respetan la contribución y el esfuerzo de cada persona implicada, aún las personas en las gradas. Los equipos que juegan para ganar saben que ganar no es un logro individual, sino que cuando subes, los demás suben contigo.

JUGAR PARA NO PERDER TE ROBA LA INNOVACIÓN, LA AUDACIA Y EL RIESGO.

Aquí tienes una pregunta exploratoria: ¿está tu organización jugando para ganar? ¿O has comenzando a lentamente jugar para no perder?

PARA REFLEXIONAR

¿Qué cambiaría en tu organización si fijaras tu enfoque en tu crecimiento y mejoramiento en vez de enfocarte en el marcador? ¿Cómo afectaría ese cambio de perspectiva tu definición de la palabra "ganar"?

_____

_____

_____

_____

_____

_____

_____

_____

_____

_____

_____

_____

_____

_____

_____

_____

_____

_____

_____

RESTAURA TU BRILLO

E L TAJ MAJAL EN India es una de las siete maravillas del mundo. Sin embargo, como muchos sabrán, hay algo que está sucediendo en la superficie del Taj Majal. El brillo del mármol se está erosionando debido a la contaminación del aire. Los químicos, el esmog y la toxicidad lo han afectado significativamente a lo largo de los años.

Presenciar el Taj Majal es una hermosa proeza de arquitectura y un símbolo histórico; sin embargo, no es lo que solía ser. Dentro de dos o tres generaciones más, no será lo que es hoy.

¿Sabías que lo mismo sucede con tu organización? Piensa en el brillo original con el cual comenzaste, tu visión inicial. Al principio construiste cosas maravillosas: estructuras, personas, iglesias; pero después de un tiempo, la cultura, las decepciones, las salidas y entradas, comenzaron a erosionar el brillo de tu organización. La realidad de la vida te golpeó; la etapa de luna de miel terminó. Puede que veas algo hermoso en tu organización todavía, pero notas que no es exacta-mente lo que solía ser.

PIENSA EN TU ORGANIZACIÓN. ¿QUÉ NECESITARÁS HACER PARA RESTAURAR EL BRILLO?

No nos gusta reconocer cuando esa es la realidad, pero reconocerla es fundamental para poder revertir el proceso. Las personas que se preocupan por el Taj Majal se han detenido a preguntar, "¿Qué necesitamos hacer para restaurar su brillo?". No deberíamos sor-prendernos cuando necesitamos hacer la misma pre-gunta sobre nuestra organización.

Piensa en tu organización. ¿Qué necesitas hacer para restaurar el brillo? ¿Qué necesitas para que tu orga-nización llegue a ser lo que siempre visualizaste en tu mente? Todo se trata de restaurar y preservar tu brillo.

PARA REFLEXIONAR

Piensa en el comienzo de tu organización o empresa. ¿Qué te emocionaba? ¿Cómo fue el alba de tu empresa? ¿Qué necesitarías hacer para recuperar ese brillo inicial?

_____

_____

_____

_____

_____

_____

_____

_____

_____

_____

_____

_____

_____

_____

_____

_____

_____

_____

_____

_____

día 46

PODER VERSUS AUTORIDAD

H AS PENSADO ALGUNA vez en la diferencia entre el poder y la autoridad y cómo uno llega a poseer el otro?

La diferencia entre los dos está en sus significados. El poder es generado por un título o un puesto. Alguien que tiene poder sobre ti puede intimidarte o demandar cierto estándar; puede exigir cosas de ti; puede despedirte si desea. El poder que una persona tiene proviene del puesto que posee sobre ti.

Por otro lado, la autoridad no se basa en un puesto, o en un título ni en un salario. La autoridad se adquiere, se gana. Para ganar autoridad, una persona debe demostrar valor y sabiduría a las personas a su alrededor. A diferencia del poder, la autoridad tiene que ser otorgada por otros.

Puedes obtener y demostrar autoridad de diferentes maneras: autoridad en un área o especialidad; autoridad en tu comportamiento; autoridad en tu actitud; autoridad en tu respeto hacia otros; autoridad en tu servicio a otros; autoridad en tu inversión en otros que no forman parte de tu trayecto; y muchas más.

A DIFERENCIA DEL PODER, LA AUTORIDAD TIENE QUE SER OTORGADA POR OTROS.

En pocas palabras, el poder se hereda, pero la autoridad se gana. La autoridad se otorga cuando otras personas ven el valor en ti y te dan la autoridad para guiarlos.

¿Qué puedes hacer hoy para invertir en otros de manera que te ganes su confianza y te otorguen autoridad? ¿Cómo puedes hacer el salto de poder a la autoridad?

PARA REFLEXIONAR

¿Cómo ha afectado la cultura nuestra perspectiva del poder y la autoridad? ¿Cuál crees que es más importante tener como líder? Explica tu respuesta.

_____

_____

_____

_____

_____

_____

_____

_____

_____

_____

_____

_____

_____

_____

_____

_____

_____

_____

día 47

EL TIEMPO Y EL LUGAR PARA LA TRANSPARENCIA

CUANDO SE TRATA de las relaciones interpersonales, existen diferentes niveles de transparencia. Algunas personas son escasamente transparentes; comparten muy poca información y prefieren mantener sus vidas privadas y lejos del público.

Otros individuos caen en el centro del espectro: divulgan información e historias personales, pero saben la diferencia entre lo personal y lo confidencial. Estas personas saben cuándo compartir y cuándo callar.

El tercer grupo de personas incluye las personas que lo cuentan todo. Estas son las personas que publican cada detalle y aflicción de sus vidas en las redes sociales. Monopolizan tu tiempo dándote los detalles y el meollo de sus problemas, detalles que ni te interesa conocer. Exponen sus historias y sus faltas para que todos las vean.

Dónde encajas tú en el espectro de transparencia depende del propósito de tu transparencia. Ser transparente sin un motivo o propósito no es necesariamente saludable o beneficioso. Sin embargo, si eres un líder y el propósito de tu transparencia es provocar un crecimiento en tu organización, puedes aprovechar la oportunidad para que sea de beneficio para las personas a tu alrededor.

CUANDO ESTÁS PENSANDO SER TRANSPARENTE, COMO LÍDER, HAZTE ESTA PREGUNTA: "¿CUÁL ES EL PROPÓSITO DE SER TRANSPARENTE EN ESTA SITUACIÓN?".

Cuando estás pensando en ser transparente, como líder, hazte esta pregunta: "¿Cuál es el propósito de ser transparente en esta situación?". Una vez que determines tu propósito, podrás utilizar la transparencia como una herramienta transformadora.

PARA REFLEXIONAR

Enumera algunos buenos motivos para ser transparente en tu organización. Enumera algunos motivos que no son buenos y por los cuales algunas personas tienden a ser transparentes.

DAR Y RECIBIR RETROALIMENTACIÓN

T ODOS DICEN QUERER COMENTARIOS o retroalimentación, pero la realidad es que todo depende del tipo de retroalimentación o comentario que se les de. La verdad es que a la mayoría de las personas les encanta la retroalimentación si es positiva. Si lo que tienes para decirme es bueno, ¡genial! Pero si es un comentario constructivo o de instrucción, usualmente nos ponemos defensivos y resistimos.

Solemos ver la retroalimentación como una conversación que se da una vez y ya, pero en realidad es un proceso. Sea que estemos recibiéndola o dándola, necesitamos saber cómo navegar el proceso. Echemos un vistazo a los principios de la retroalimentación.

Cuando estás dando retroalimentación a alguien, si deseas poder comunicar tu punto de vista efectivamente, es importante que lo hagas respetuosamente. No esperes que la respuesta inicial de la persona sea aprobación y aceptación completa. La gente usualmente te agradecerá, pero al mismo tiempo, pueden estar pensando algo completamente contrario ya que tu comentario podría ser la primera vez que se percatan del asunto o problema. Actúa con respeto y simpatía y brinda tu comentario sin ser exigente.

Cuando estás del otro lado de la retroalimentación, el respeto es fundamental. Tienes que entender que las observaciones de otras personas también son valiosas; marcan la diferencia tanto como tú. Valora la retroalimentación y cuando alguien te la de, di: "Gracias. Ahora voy a necesitar un poco de tiempo para procesarlo."

LA RETROALIMENTACIÓN NO ES UNA CONVERSACIÓN QUE SE DA UNA VEZ Y NUNCA MÁS; ES UN DIÁLOGO CONTINUO.

La retroalimentación no es una conversación que se da una vez y nunca más; es un diálogo continuo. Procura que tu parte en ese diálogo sea amable, constructiva y vivificante. Es probable que cuando sea tu turno de recibir retroalimentación, la gente te muestre la misma amabilidad.

PARA REFLEXIONAR

¿Te cuesta más dar o recibir retroalimentación? ¿Por qué?

_____

_____

_____

_____

_____

_____

_____

_____

_____

_____

_____

_____

_____

_____

_____

_____

_____

_____

_____

POR QUÉ TU EQUIPO SE SIENTE INADECUADO

COMO LÍDERES, HAY MANERAS sutiles, y que frecuentemente pasan por desapercibidas, que hacen que las personas de nuestro equipo se sientan inadecuadas. Exploremos algunas de ellas.

Tu equipo se siente inadecuado cuando siempre eres tú el héroe de la historia. Cuando siempre se trata de ti, cuando cada historia y cada logro es atribuido a tu contribución, causa que los miembros del equipo se sientan inadecuados.

Otra cosa que causa que las personas se sientan inferiores o insuficientes es cuando comunicamos el mensaje de que no son lo suficientemente buenos. Cuando nunca los alabamos, nunca les damos retroalimentación positiva, y nunca les dejamos saber cuánto los necesitamos, nuestro equipo rápidamente se desanima.

De hecho, pueden llegar a la conclusión de que no son capaces de cumplir con sus responsabilidades.

SI TU EQUIPO NUNCA SE SIENTE INSEGURO, PODRÁ ALCANZAR NUEVAS ALTURAS Y PODRÁS UNIRTE Y SER PARTÍCIPE DEL CRECIMIENTO.

Otra manera en la que causamos que nuestro equipo se sienta inadecuado es cuando les asignamos tareas por encima de su competencia *sin* reconocerlo desde un principio. Si nos tomamos el tiempo de decirles, "Voy a estirarte con esta tarea que te voy a asignar porque creo en ti", removemos cualquier sentimiento de insuficiencia que la tarea pueda provocar.

Finalmente, cuidado con los elogios insinceros. Quizás sepas, por experiencia, a qué me refiero exactamente con eso. Un elogio insincero es agradecerle a alguien, pero al mismo tiempo hacer un comentario pasivo-agresivo. Esto elimina cualquier celebración de la conversación y ofende y lastima a la persona recibiendo el comentario.

Si las personas nunca se sienten adecuadas, la inseguridad y el desánimo causará que tu equipo se desborone. Sin embargo, si tu equipo nunca se siente inseguro, podrá alcanzar nuevas alturas y podrás unirte y ser partícipe del crecimiento.

PARA REFLEXIONAR

¿Por qué crees que muchos líderes caen en la trampa de menospreciar a su equipo? ¿Qué piensas es la raíz del querer hacer que otros se sientan inferiores? ¿Cómo podrías resistir esa tentación en tu propio liderazgo?

_____

_____

_____

_____

_____

_____

_____

_____

_____

_____

_____

_____

_____

_____

_____

_____

_____

_____

día 50

ABORDANDO EL CONFLICTO INTERNO

TE HA PASADO ALGUNA vez que entras a una reunión y sientes la tensión en el aire? Nos gusta disimular el conflicto con chistes y comportamiento pasivo-agresivo, pero aún así, es relativamente fácil discernir cuando hay conflicto interno en tu organización.

Cuando se produce algún conflicto, ocurre un cambio en el ambiente: las cosas se ponen tensas; las personas no se dirigen la palabra; los sentimientos heridos irradian y la productividad decae. Aunque es fácil sentir este tipo de tensión en el ambiente, resolver el conflicto es mucho más complicado.

Lo que es asombroso es que muchos líderes ven y reconocen el conflicto, pero fallan en tomar el próximo paso: resolverlo. El líder nota que dos empleados tienen un conflicto continuo —de hecho, todos pueden verlo—; sin embargo, continúan como de costumbre y no lo abordan. Cuando esto sucede, la cultura del lugar —y hasta a veces la cultura del equipo— se vuelve tóxica y enfermiza.

A MENOS QUE TENGAS EL VALOR Y LA FORTALEZA DE ENFRENTAR Y EXPONER EL CONFLICTO PRESENTE, LA SITUACIÓN EMPEORARÁ Y SE DESBORDARÁ AFECTANDO LA ORGANIZACIÓN ENTERA.

Como líder, una de tus responsabilidades principales es manejar el conflicto que se produce en tu equipo. Si las personas bajo tu liderazgo no pueden contar contigo como un mediador confiable, permanecerás estático, sin hacer nada, mientras la tensión se apodera de tu cultura.

A menos que tengas el valor y la fortaleza de enfrentar y exponer el conflicto presente, la situación empeorará y se desbordará afectando a la organización entera. Consecuentemente, tu dirección no será buena, tu destino no será bueno. Si eres un líder principal o un miembro del equipo, necesitas saber que tus conflictos internos pueden descarrilarte más rápido que cualquier otro desafío externo. Para poder fungir apropiadamente como organización, necesitas tener una buena salud interna. Es entonces que podrás enfrentar los desafíos que se dirijan a ti externamente.

PARA REFLEXIONAR

¿Has tenido alguna vez un líder que aborde y enfrente el conflicto interno efectivamente? Si tu respuesta es sí, explica qué hizo ese líder que te llamó la atención. ¿Cómo podrías lidiar con el conflicto de manera práctica, ya sea en el presente o el futuro?

_____

_____

_____

_____

_____

_____

_____

_____

_____

_____

_____

_____

_____

_____

_____

_____

día 51

APRENDER DEL ÉXITO

C ÓMO PODEMOS APRENDER del éxito? Todo comienza por cambiar nuestro método de dar informes. Digamos que tu equipo acaba de realizar un evento. Después del evento, todos los equipos se reúnen a dar un informe y hacer un análisis de los acontecimientos. Es muy probable que la conversación se base mayormente en lo que no salió mal y que se planteen preguntas como, "¿Cómo podemos mejorar? ¿Qué podemos hacer mejor la próxima vez?".

Esto puede ser constructivo hasta cierto punto; luego se vuelve desalentador. Lo mejor es dedicar más tiempo a analizar y meditar en lo que el equipo hizo bien y exitosamente. ¿Qué salió bien? ¿Cuáles fueron las cosas buenas que sucedieron? ¿Qué deberían repetir? Una vez que identifiques cuáles fueron los logros y éxitos, sabrás qué repetir y aprovechar otra vez en el futuro.

Cuando te enfocas en lo positivo, los informes harán que tu equipo sienta que su contribución fue efectiva y su esfuerzo valió la pena. Además, verán el éxito futuro como algo posible y accesible porque supiste afirmar y celebrar sus logros presentes.

LA PREGUNTA MÁS IMPORTANTE QUE NECESITAS HACER ES, "¿DÓNDE BRILLAMOS? Y ¿CÓMO PODEMOS HACERLO OTRA VEZ?".

Entonces, la pregunta principal que tu equipo debe hacerse durante una reunión de informes no es "¿Dónde fracasamos?". La pregunta más importante que necesitas hacer es, "¿Dónde brillamos? y ¿cómo podemos hacerlo otra vez?".

Enfócate en eso, en lo que hicieron bien; es así como podrás alcanzar nuevas alturas en la vida. Enfócate en las victorias y tu equipo avanzará al próximo nivel.

PARA REFLEXIONAR

¿Puedes pensar en algunas maneras prácticas de asegurar que tus informes tengan ese balance —celebrar lo positivo y dar la retroalimentación constructiva necesaria—?

CÓMO IMPLEMENTAR TUS DECISIONES

OMO LÍDERES, EN CUANTO tomamos una decisión, la consideramos cumplida. Sin embargo, existe otro aspecto que se da después de haber tomado una decisión. Aunque la toma de decisiones se da en un entorno contenido —en un salón de conferencias, por teléfono, o en una video-llamada— la implementación de la decisión afecta a la organización completa.

Por ejemplo, digamos que tomas la decisión de contratar, o despedir, a un empleado. Esa decisión es tomada por el equipo de liderazgo, pero tiene consecuencias para todos. Esa persona que incorporas, o despides, aunque la decisión haya sido tomada por unos pocos, interactuará con todos. Si la persona se une al equipo, todos tendrán que conocerla y aprender cómo trabajar con el o ella. Si la persona se va del equipo, habrá ajustes que todos tendrán que hacer en lo personal y emocional tanto como en las responsabilidades que se verán afectadas.

NO PUEDES SUPONER QUE LLEGAR A UNA DECISIÓN SIGNIFICA QUE EL PROCESO DE IMPLEMENTACIÓN SERÁ AUTOMÁTICAMENTE FÁCIL.

Muchos líderes se enfocan solamente en tomar decisiones y dejan que el peso y la responsabilidad de la implementación de dicha decisión caiga sobre los hombros de otros. Pero la falta de un plan y una estrategia de implementación puede resultar desastrosa. No puedes suponer que llegar a una decisión significa que el proceso de implementación será automáticamente fácil. En cambio, dedica tiempo al desarrollo de una estrategia de implementación. A lo largo, esto te ahorrará tiempo y energía.

Tus decisiones son buenas y probablemente llegaste a ellas después de haber pensado detenidamente en los detalles. Pero para asegurar que esas decisiones sean duraderas, necesitas desarrollar una estrategia de implementación. Se necesita de ambos aspectos; sino el proceso estará incompleto.

PARA REFLEXIONAR

¿Te intimida el proceso de implementación de tus decisiones? ¿Por qué o por qué no? ¿Qué necesitan las personas bajo tu liderazgo para ser exitosas en la implementación de tus decisiones?

_____

_____

_____

_____

_____

_____

_____

_____

_____

_____

_____

_____

_____

_____

_____

_____

_____

SOBRE EL AUTOR

EL DOCTOR SAM CHAND es un arquitecto del liderazgo, consultor, autor, estratega del cambio, conferencista y liberador de sueños. Su objetivo principal en
la vida es ayudar a otros a tener éxito. El Doctor Sam
Chand ayuda a los líderes empresariales tanto como
ministeriales a definir su visión, desarrollar una cultura organizativa saludable, y a empoderar a sus equipos
para lograr sus objetivos. El Doctor Chand también ha
desarrollado una abundante cantidad de recursos para
el liderazgo. Esto incluye el Instituto de Liderazgo de
Sam Chand y "Martes con Sam Chand", una serie de
videos diseñados para animar e inspirar a los líderes
tanto como a sus equipos. El Dr. Chand y su familia re-
siden en la ciudad de Atlanta, en el estado de Georgia
de los Estados Unidos.

www.ingramcontent.com/pod-product-compliance
Lightning Source LLC
Chambersburg PA
CBHW020154090426
42734CB00008B/813